『钱塘江故事』丛书

浙江工商大学出版社｜杭州

泛舟若耶

傅建祥　王致涌　金泽民／编著　严利荣／摄

钱塘江，流淌不息的是故事

浙江省钱塘江文化研究会会长　胡　坚

　　钱塘江，是浙江的"母亲河"，流经浙江近50%的省域面积，世世代代滋养着浙江人民繁衍生息。

　　钱塘江是一条自然之江。它是浙江境内最大的河流。以北源新安江起算，全长588.73千米；以南源衢江上游马金溪起算，全长522.22千米。两岸青山叠翠，云卷云舒，村镇星罗，田野棋布。钱塘江因天下独绝的奇山异水而久负盛名，享誉古今。它哺育的美丽浙江，有看不完的风景、说不完的故事、讲不完的传奇。

　　钱塘江是一条梦想之江。钱江源头，一滴滴水珠汇聚成涓涓细流，形成山涧的清泉，从蜿蜒的山脉中豁然涌出，汇成溪流，聚成小河，凝成大江，涌成惊涛拍岸的钱江大潮。每一滴水都能在这个过程中，发现自己原来这么有力量。钱塘江以不息的潮汐告诉人们——只要有梦想，有方向，有凝聚力，渺小也能够构成伟大，数量就会变成力量。

　　钱塘江是一条精神之江。钱塘江赋予浙江人以物质财富和精神财富，浙江人赋予钱塘江以自然状态和人文形态。"天时""地利"造就了钱塘江涌潮，"怒涛卷霜雪""壮观天下无"。千百年来，钱塘江

"弄潮"是一种奇特的人文现象。"弄潮"之风在唐朝时兴起，宋朝时更甚。迎着滚滚而来、地覆天翻的江水，在声如雷鸣、涛如喷雪的潮水里，"弄潮儿向涛头立，手把红旗旗不湿"，气势如虹的雄姿，给后人留下了不畏艰险、敢于拼搏、逆浪而进、力压潮头的人文精神。

钱塘江是一条艺术之江。自晋唐以来，钱塘江吸引了众多文人墨客前来游历论学。他们或探幽访胜，或宦游访友，或寄情山水，留下了无数诗篇华章，如白居易《忆江南》、柳永《望海潮·东南形胜》等名篇，令画卷上的钱塘江弥漫着浓厚的书香与笔墨气息。在这里，诞生了无数绝世篇章。同时，成就了一代宗师黄公望的山水画巅峰之作《富春山居图》，造就了"中国山水画泰斗"黄宾虹等一批画家，诗情和画意绵延至今。另外，钱塘江还成就了吴越文化和在中国人文思想史上产生过重大影响的新安文化。孔氏家族"扈跸南渡"更是推动了儒学在江南的传播，开创了儒学新风尚。

钱塘江更是一条创造时代的奇迹之江。改革开放以来，浙江人民在建设中国特色社会主义的大潮中，干在实处，走在前列，勇立潮头，在钱塘江两岸创造了一个又一个人间奇迹，也创造了新时代的灿烂文化。特别是当我们走进新时代，吹响"实施拥江发展战略，努力打造和谐宜居、富有活力、特色鲜明的现代化城市"的号角，更让钱塘江彰显出勇立潮头、大气开放、互通共荣的时代精神。

钱塘江文化研究会聚集的这群人，有着一种强烈的文化情怀，要为挖掘、整理、塑造、传播钱塘江的文化尽微薄之力，做出自己的贡献。

编撰"钱塘江故事"丛书是这群人的一种探索和努力。我们相信，该丛书的出版，有助于增加人们对钱塘江的了解，有助于丰富人们的文化生活，有助于增强钱塘江文化的外在影响力和文化软实力。

我们将以自己勤劳的双脚去丈量钱塘江两岸的崎岖路径，以敏锐的眼光去发现钱塘江流域散落的故事，以与众不同的思考去感悟钱塘江的文化特质，以鲜活的文字去表达钱塘江的无穷魅力。我们会专注于那些有情感的故事、有品味的故事、有启迪的故事、有历史的故事和有回味的故事，让读者在阅读中体会钱塘江的好、钱塘江的美、钱塘江的厚重与钱塘江的温度。

"钱塘江故事"丛书将高度关注钱塘江流域村落的过去与未来，关注非物质文化遗产的传承与活化，关注历史艺术与当代艺术的生命与发展，关注民间风俗和风土人情的变迁与时尚，关注旅游和文化的融合与共生，关注每一个值得关注的历史细节与文化符号。丛书在讲究思想性、学术性、艺术性的同时，突出实用性、服务性、可读性，希望能成为爱好者的口袋书、旅游者的携带书、管理者的参考书。

我们带着朝圣般的虔诚，带着颤抖的灵魂，带着历史的使命做这样一件有意义的事。

虽然道路遥远，但我们已经起步。

是为序。

目录

第一篇

诗情画意

逶迤傍隈隩，迢递陟陉岘

他身处晋朝与南北朝交替之际，自负才高，却不被重用。

他因青云失路，遂将精神寄托于自然山水，鲜明、生动而精美的景致成为他诗作的主要内容。

他的山水诗以清新雅丽的文辞、精雕细琢的技巧著称。

他诗歌创作的艺术实践，使山水诗成为中国诗歌史上的一个新的门类，使中国诗歌进入了一个讲求抒情和艺术的新时代，对后代文人产生了巨大的影响。

他因此被公认为中国文学史上山水诗的开山鼻祖。

他，就是谢灵运。

谢灵运（385—433），祖籍陈郡阳夏（今河南太康），后转居会稽（今浙江绍兴）。谢灵运出身于东晋最显赫的士族——谢氏家族，是淝水之战中击败前秦军队的东晋名将谢玄之孙，其前辈谢尚、谢安、谢玄都是一时名相、名将，尤其是谢安，时称"江左风流宰相"。谢灵运年轻时便袭封康乐郡公，故世称"谢康乐"。但两朝易代后，出身庶族的刘氏做了皇帝，士族受到贬抑，他被降爵为侯。此后，他又卷入南朝宋初年王室激烈的政治斗争，一再受到打击，由于他"性褊急""常怀愤愤"，不肯迁就，因此始终未能出现仕途上的转机，最后竟致被杀。

青云失路的谢灵运将精神寄托于自然山水，自然景致成为他诗作的主要内容，他由此成为中国文学史上致力于山水诗创作的第一人。

谢灵运的山水诗，大多创作于隐居会稽和任职永嘉（今浙江温州）太守期间。

会稽的旖旎风光在当时就有口皆碑。《世说新语·言语》篇载时人对会稽的评价："千岩竞秀，万壑争流，草木蒙笼其上，若云兴霞蔚。""从山阴道上行，山川自相映发，使人应接不暇。若秋冬之际，尤难为怀。"《晋书·王羲之传》也载："会稽有佳山水，名士多居之，谢安未仕时亦居焉。"

谢灵运曾向庐陵王刘义真极力推赏会稽的旖旎风光。在辞官和被免职期间，谢灵运大多数时间就住在会稽。

在会稽，谢灵运徜徉于秀媚山川，领略游仙之奇趣，与人吟诗论文，谈佛说玄，寄感情于其中；在会稽，他暂时宠辱皆忘，处于淡泊宁静的忘情境界；在会稽，他常与族弟谢惠连一起"为山泽之游"，其中包括泛舟若耶溪。

若耶溪由从会稽山奔腾而下的三十六条溪流汇集而成，可谓万水争妍。若耶溪神秘而古老，其七十二支流由此向西北滚滚而逝，过龙舌，会禹陵，直达三江，成为鉴湖（旧称镜湖）三十六源之一。

古时的若耶溪水面宽阔，其上可行大船到云门。坐在船上游览两岸美景，乃绝妙的享受。《水经注》云："（若耶溪）水至清，照众山倒影，窥之如画。"

谢灵运与谢惠连曾泛舟若耶溪，对诗于王子敬山亭，人称大小谢。《嘉泰会稽志》卷十有载："谢灵运与惠连联句，刻于树侧。"

若耶溪

谢灵运有《从斤竹涧越岭溪行》诗，中有"逶迤傍隈隩，迢递陟陉岘"句描写若耶溪边山岭之景致。若耶溪也可以说是中国山水诗的重要发源地之一。

谢灵运既有游山玩水的丰富实践，又有寻幽访胜的认真态度，因此他总能将山水景色中最美好的部分描绘出来。"怀新道转回，寻异景不延。""怀新""寻异"既是他寻访山水的态度，又是他描绘山水的态度，因此其诗作便有新、奇、巧的特点，山姿水态，云霭林烟，在他笔下都逼真鲜活。他游览的山水很多，观察自然景物很仔细，再加上他丰厚的艺术修养，他的诗确能成功地反映存在于山水中的自然美。

谢灵运的山水诗以清新雅丽的文辞、精雕细琢的技巧著称。其山水诗总是以奇秀的辞藻描绘美景，抒发情怀，阐述妙悟，其描绘的情景水乳交融，铸成天然脱俗的高洁意境。后人评其山水诗如"初发芙蓉"，或"芙蓉出水"，或"风日流丽"，皆意谓其诗清新可爱，美妙自然。

谢灵运的山水诗在中国文学史上的地位和贡献不仅在于使当时玄言诗盛行的诗坛耳目一新，谢灵运以其艺术实践真正实现了玄言诗向山水诗的转变，使山水诗成为中国诗歌史上的一个新的门类，自他之后吟诵山水风光就成为我国诗体文学的主题之一；还在于谢灵运的山水诗扩大了中国古典诗歌题材的领域，丰富了诗歌创作的技巧；更重要的是，以"穷情写物"为标志的谢灵运的山水诗凭借山水自然解放了以"言志"为传统的文学艺术家的情感，使中国诗歌进入了一个讲求抒情和艺术的新时代，对后代文人产生了巨大的影响，由此对中国古典诗歌的发展做出了卓越的贡献。

蝉噪林逾静，鸟鸣山更幽

在南朝齐梁间，有这样一位诗人：

他七岁能写诗文，受到当时著名文士赏识。

其诗作被誉为得谢灵运诗风之神韵。

追慕他的诗风而化用入作品的有王维、柳宗元以及诸多画论家。

他的一首诗当时被誉为"文外独绝"，令皇帝"吟咏不能忘之"，也令北宋文坛高手王安石反复吟咏体味，以至仿作。

在中国文学史上，以一篇文章或一首诗而奠定自己地位的人不算多，他是其中突出的一例。

他，就是诗人王籍。

他被誉为"文外独绝"的一首诗，就是《入若耶溪》。

他诗中描绘的，正是绍兴若耶溪的山景水色。

王籍（生卒年不详），字文海，东晋名相王导之后，南齐大臣王僧佑之子，南朝齐、梁间诗人。他出身王氏士族高门，"七岁能属文，及长好学，博涉有才气"。王籍诗学谢灵运，曾受当世领骚文坛的任昉、沈约的奖掖，也因此在当时的文坛名声大振。

王籍有文才，却不得志。由于仕途不尽得意，他以游山玩水自遣。

萧绎镇守会稽（今浙江绍兴）时，引王籍为咨议参军。其间，他常游弋于郡内的若耶、云门、天柱诸峰，或累月不返，有先祖和名士先辈王羲之、谢安等恣情山水的遗风。会稽山水之美历来为人所称道，晋人已有"山川自相映发，使人应接不暇"和"千岩竞秀，万壑争流"的赞语。《入若耶溪》就是王籍在游弋会稽的若耶溪时写成的。

若耶溪发源于绍兴市东南的若耶山，穿过千山万壑，流经云门、平水、铸铺岙、灵汜桥，北入鉴湖，为鉴湖三十六水源之最大水源。若耶溪畔青山叠翠，一脉秀水迤逦，像一条碧罗带从会稽山间一直飘到绍兴城下。其流域不仅为古越文化最重要的承载地之一，而且以其深远、幽静、清朗的自然景色成为中国山水诗的发源地之一。

仁者乐山，智者乐水。

千百年来，南北朝的谢灵运、谢惠连，唐代的崔颢、元稹、刘长卿，宋代的王安石、苏东坡、陆游等众多骚人墨客被若耶溪的如画景色吸引并为之陶醉，泛舟若耶，留下了许多脍炙人口的诗篇，如唐代独孤及的"万峰苍翠色，双溪清浅流"，李白的"若耶溪傍采莲女，笑隔荷花共人语"，丘为的"一川草长绿，四时那得辨"等诗句，都生动地描绘了若耶溪两岸的美丽风光。王籍的五言古诗《入若耶溪》也是其中的名篇之一：

艅艎何泛泛，空水共悠悠。

阴霞生远岫，阳景逐回流。

蝉噪林逾静，鸟鸣山更幽。

此地动归念，长年悲倦游。

此诗抒写诗人泛舟溪中，只见溪中碧水如镜，天上云霞似锦，远处峰峦叠翠，太阳倒影于溪中随流波动；蝉噪林静，鸟鸣山幽，生机盎然；最后，恰如其先辈王羲之面对兰亭美景徒生生死之感一样，面对若耶溪这一派清幽景致，诗人对长年宦游生涯顿生倦意，不禁萌生了归隐之念。全诗因景启情而抒怀，十分自然和谐。此诗文辞清婉，音律谐美，创造出一种幽静恬淡的艺术境界。

《入若耶溪》的独到之处，在于写出了诗人入溪之所见和独特的感受，呈现了人与自然融为一体、心与大自然泯而合一的境界。

全诗以"幽"字为主线，以动写静，将幽景写透，也将幽情写足，情景交融，不着痕迹。尤其颈联"蝉噪林逾静，鸟鸣山更幽"两句，静寂，本是无声，有声则打破了静寂，但是诗人偏偏说因为那一两声"蝉噪""鸟鸣"，山林愈发显得幽寂了。用"蝉噪""鸟鸣"之动来烘托一种静的境界，可见诗人手法独特，颇具匠心独运之功。自谢灵运开山水诗一派，相继描摹追踪者多有，但均不能达到寓情于山水、浑然交融于一体的境地，而王籍的"蝉噪林逾静，鸟鸣山更幽"一联颇得谢灵运诗风的神韵，是千古传诵的名句，更因其手法独特，被誉为"文外独绝"，也常被后世诗人引用，作为以动写静艺术技巧的范例。像唐代王维的"倚杖柴门外，临风听暮蝉"，杜甫的"春山无伴独相求，伐木丁丁山更幽"，都是用声响来衬托一种静的境界，而这种手法正是王籍的创新。特别是王维有一首《鸟鸣涧》，其中的"月出惊山鸟，时鸣春涧中"正是不落痕迹地化用了"蝉噪林逾静，鸟鸣山更幽"。

王籍在捕捉自然山水的形象上，在营构诗的境界上，明显受谢灵运的影响，得谢灵运诗风之神韵。如其诗作注意构图的高低远近的对称，极力构造鲜明的空间实感，充分调动读者的感官功能，多方面地去补

鸟鸣山更幽

充、丰富诗的内蕴，都表现出这种迹象。故本传谓之"时人咸谓康乐之有王籍，如仲尼之有丘明，老聃之有庄周"。

这首诗传到北宋，在好改诗的王安石那里引出一个有名的"点金成铁"的逸事。作为北宋文坛高手的王安石，在反复吟咏王籍的这首诗之后，仿作一首《钟山即事》，将"鸟鸣山更幽"改成了"一鸟不鸣山更幽"。当时，江西诗派之宗黄庭坚读了王诗后，认为王安石的改动是弄巧成拙。他指出：王籍以蝉噪显林静，以鸟鸣示人迹稀少，以动写静，反衬出山林之幽。王安石不识其手法高超之处，改后的诗以静喻静，颠倒了艺术意境，反显拙劣。黄庭坚把王安石改诗之拙喻为"点金成铁"，这也足见王籍诗之高超和独特。

王籍笔下若耶溪的这种山川之美，与当时名士回归自然、追求超越的心灵相契合。也正因为与心灵契合，诗人才能把山水自然作为独立的审美对象，作为自己纵情肆意之具，才能欣赏山水自然本身的恬淡、宁静而又蕴含着蓬勃生机的境界，从而体悟自然之道和人生之道。

云门耶溪流连地

唐代诗人到过越州（今浙江绍兴）的为数众多。有人说，这要归功于李白。其实，稽山镜水的声名鹊起，虽然李白功不可没，但功劳最大的非"初唐四杰"之首的王勃莫属，而且王勃在越州还留下了浓墨重彩的一页。

王勃（649或650—约676），字子安，汉族，唐代诗人。绛州龙门（今山西河津）人，出身于儒学世家，与杨炯、卢照邻、骆宾王并称

如今若耶溪边的村庄

"初唐四杰"，王勃为四杰之首。

王勃自幼聪敏好学，据《旧唐书》记载，他六岁即能写文章，文笔流畅，被赞为"神童"。九岁时，读颜师古《汉书注》，作《指瑕》十卷以纠正其错。十六岁时，应幽素科试及第，授职朝散郎。王勃写《斗鸡檄》被高宗看到，"圣颜不悦"，因此被赶出沛王府。之后三年，王勃游览巴蜀山川景物，创作了大量诗文。返回长安后，王勃求补得虢州参军。在参军任上，他因私杀官奴二次被贬。上元三年（676）八月，王勃自交趾探望父亲返回时，渡海溺水，惊悸而死。王勃在诗歌体裁上擅长五律和五绝，代表作品有《送杜少府之任蜀州》；主要文学成就是骈文，无论在数量还是质量上，都非常出色，代表作品为《滕王阁序》。

王勃临终前一年，也就是上元二年（675），曾在越州待了很长一段时间。这一年春天，还是青年才俊的王勃到云门寺，仿永和雅集在此修禊，还写了一篇与《兰亭集序》相仿的《三月上巳祓禊序》，又名《修禊云门献之山亭序》。说是修禊，实际上是搞了一次初唐诗坛的赛诗会，当时全国头角峥嵘的诗人都到齐了。

《修禊云门献之山亭序》写道：

观夫天下四方，以宇宙为城池；人生百年，用林泉为窟宅。虽朝野殊致，出处异途，莫不拥冠盖于烟霞，披薜萝于山水。况乎山阴旧地，王逸少之池亭，永兴新交，许玄度之风月。琴台寥落，犹停隐遁之宾；酿渚荒凉，尚遏逢迎之客。仙舟溶裔，若海上之槎来；羽盖参差，似辽东之鹤举。或昂骐骥，或泛飞凫，俱安名利之场，各得逍遥之地，而上属无为之道，下栖玄邈之风。

永淳二年，暮春三月，修袚褉于献之山亭也。迟迟风景，出没媚于郊原；片片仙云，远近生于林薄。杂花争发，非止桃蹊；群鸟乱飞，有逾鹦谷。王孙春草，处处争鲜；仲阮芳园，家家并翠。于是携旨酒，列芳筵，先袚褉于长洲，却申交于促席。良谈吐玉，长江与斜汉争流；清歌绕梁，白云将红尘并落。他乡易感，增悽怆于兹辰；羁客何情，更欢娱于此日。加以今之视昔，已非昔日之欢；后之视今，亦是今时之会。人之情也，能不应乎？且题姓字，以表襟怀。使夫会稽竹箭，则推我于东南，昆阜琳琅，亦归予于西北。

《全唐文》卷一百八十一《三月上巳袚褉序》、《浙江通志》卷四十五所录之《修褉云门献之山亭序》（即《三月上巳袚褉序》）均把作文时间写成"永淳二年"，这其实是"上元二年"的讹误，王勃卒于唐高宗上元三年（676）八月，至永淳二年（683），王勃已卒七年，安能作此文乎？王勃赋是初唐赋的重要组成部分，在某种意义上标志着初唐赋体的繁荣。王勃的骈文继承了徐陵、庾信的骈文艺术风格：对仗精工、自然而妥帖；音韵谐美，无论押韵还是句内宫商均有意追求合律；用事贴切，做到典事内容与表达内容的谐调；熟用隔对，把四六句型作为主要句型运用，并巧用长短句的交错变化，同时注以散行之气，使文章于凝练中见流畅，但又注以清新之风、振以疏荡之气，于是使骈文变繁缛为清丽，变滞涩为流畅，创造出气象高华、神韵灵动的时代风格，使骈文跃上了一个新台阶。与初唐同时代的其他文人相比，王勃极善于在赋中抒发情感，表白心志，表现人品。当理想受挫、仕途失意时，他在赋中表现了自己崇高的品质、美好的人格，抒发了心中的忧郁愤懑、磊落不平之气。但由于兰亭修褉举世闻名，云门修褉未免有点逊色；更因《滕王阁序》名气太大，《修禊云门献之山亭序》就不那么出名了。但此举还是开唐代风气之先，带动了"云门游"的高潮，云门也成了唐代著名诗人的必到之地。

　　到过绍兴的诸多文人所作的诗中，写采莲女的诗歌确实比较多。古代的鉴湖浩渺宽阔，且要防旱防涝，抵御潮汐，种荷显然不太合适，于是荷花绝大多数种在若耶溪。若耶溪景色如画，碧莲红荷，少女穿梭其间，莲歌悠悠，嬉笑阵阵，美不胜收。"初唐四杰"之首的王勃也写过一首乐府诗：

采莲曲

采莲归，绿水芙蓉衣。

秋风起浪凫雁飞。

桂棹兰桡下长浦，罗裙玉腕轻摇橹。

叶屿花潭极望平，江讴越吹相思苦。

相思苦，佳期不可驻。

塞外征夫犹未还，江南采莲今已暮。

今已暮，采莲花。

渠今那必尽娼家。

官道城南把桑叶，何如江上采莲花。

莲花复莲花，花叶何稠叠。

叶翠本羞眉，花红强如颊。

佳人不在兹，怅望别离时。

牵花怜共蒂，折藕爱连丝。

故情无处所，新物从华滋。

> 不惜西津交佩解，还羞北海雁书迟。
>
> 采莲歌有节，采莲夜未歇。
>
> 正逢浩荡江上风，又值徘徊江上月。
>
> 徘徊莲浦夜相逢，吴姬越女何丰茸！
>
> 共问寒江千里外，征客关山路几重？

王勃的这首诗，虽是拟乐府旧题，但在内容和形式上都有较大的创新，代表并带动了初唐时期诗歌创作的风气。

王勃在春天云门修禊后，没有离开越州，一直留到秋后。据记载，他在秋天又一次在云门修禊，并写了《越州秋日宴山亭序》。有人可能不解，修禊在春天，难道秋天也有？其实按照《宋书·礼志二》记载：古代风俗，春天三月可以修禊，秋天七月也可以修禊，只是修秋禊的比较少而已。

诗歌描述的还是若耶溪的采莲女。但也许有人会问，这里明明写的是江，而不是溪。殊不知，若耶溪有三十六源，水势大时，大船也可以通到云门，而且当地人也把它叫作"平水江"。

诗歌写了一位采莲女子怀念征夫的情感过程。梁、陈以来，《采莲曲》是诗人常用的乐府旧题，大多不是描写水上风景，就是描绘采莲女的容貌和服饰。在诗歌风格上，比较浮艳绮靡。王勃的这首诗，虽然抒情主人公同样是采莲女，自然景物的描绘乃至遣词造句，也都明显地受到南朝诗人的影响，但其塑造的伤离恨别、刻骨相思的女子形象，尤其是思妇怀念征夫的主题揭示出广泛而深刻的社会意义和思想价值，这是南朝诗人所无法比拟的。当然，王勃虽然在文学理论上对六朝余风深感不满，但在创作实践上却还是不能摆脱其影响。这首诗就是一个例证。它在一定程度上表现了初唐诗歌从六朝余风向唐诗刚健爽朗的风格变化发展的轨迹。

若耶溪，亦称平水江

    诗人选择了傍晚时分采莲归来作为诗歌的背景。起手就写女子采莲归来，绿水荡漾，沾湿了她的衣裳，又杂和着荷花的清香。这是采莲女劳动后的形象。其时，秋风泛起碧浪，野鸭和大雁鸣叫着飞向远方，这自然触动了采莲女的思绪，这句写景有"兴"的味道。接着就写这位年轻靓丽、服饰漂亮的女子，轻轻地摇着小舟随波而下，极目眺望无边无际覆盖着绿叶的岛屿和荷花怒放的水潭，耳中听着远处传来的江上渔歌——越中小曲。这一切，都拨动了她的心弦，"相思"二字就是全诗的诗眼。接下来四句说明相思的原因，即约定的归期已经过了，但出塞的丈夫还没有回来。思妇在水上采莲，倍感孤独寂寞；日暮时分，她触景生情，思绪万千。接着写思妇的品性。尽管独守空房的生活令她备受煎熬，但采莲女还是坚持她的忠贞情操，"那必尽娼家"，用反问强调自己并没有而且也不会沦落为风尘女子。"官道"二句将采莲女和采桑

女加以对比，认为前者比后者在爱情上更加忠贞，这其实是诗中思妇的自我表白。"城南把桑"是众所周知的汉乐府典故，《陌上桑》里的女子罗敷是一个忠实于爱情的典型形象。此诗里的采莲女自云对丈夫的感情超过罗敷，可见，她对爱情是多么坚定执着。

翠绿的荷叶，不及采莲女的婵娟娥眉；红艳的荷花，勉强比得上女子红润的脸庞。尽管江上环境优美，但容易想到韶华易逝，因为郎君不在，她只能惆怅地遥望当年别离的地方，当初难分难舍的情景还在眼前，心中充满了悲凉。她拉扯着荷花，更喜欢它们并蒂开放；折断莲藕，喜爱藕断丝不断的缠绵。如今往昔两情绵绵已经依稀难寻。正像一年一度的茂盛荷花荷叶，采莲女睹物思人，更觉惆怅。由此诗人又想起两个掌故：据晋葛洪《神仙传》载，郑交甫在江边遇到两位神女，十分爱慕她们，神女解下玉佩相赠；汉班固《汉书·李广苏建传》中，苏武北海牧羊，雁足传书。当年的定情之物还在吗？征夫在外，久无书信，不免使女子担心。

日暮时分，采莲女已经归来吃了晚饭，夜间她又出去采莲，还情不自禁有节奏地唱起《采莲曲》。夜间江上吹起了凉风，使人更是感到秋风萧瑟。一轮明月伴随着采莲女，映着江上清辉。江上能碰到不少采莲女，这些采莲的吴姬越女都很艳丽。姐妹们说的是，从这里到征夫所在千里之外的边塞，要翻过几重山，要渡过几条江。边塞战场上的征夫，牵动着许多采莲女子的心。

应该说，王勃是最早将若耶溪作为《采莲曲》背景的诗人，而李白则是明确描写若耶溪采莲女的诗人，从此，写这一主题的诗歌层出不穷，各具特色。

遥闻会稽耶溪美

  李白很喜欢越州（今浙江绍兴），也写过很多关于这边的名胜古迹、风土人情的诗歌。广有声名的若耶溪，自然成了李白诗歌描绘的重点。他第一次来越州写下的诗歌，就有不少写的是若耶溪，如《越女词》五首、《浣纱石上女》、《采莲曲》、《渌水曲》、《西施》……

  说李白喜欢稽山镜水的秀美风景，肯定不假。但事情的起因其实是贺知章，贺知章是唐朝著名的诗人、书法家，曾考取乙未科状元，这也是浙江历史上第一位有记载的状元。贺知章学富五车，与人为善，旷达不羁，好诗、好酒、好交友，自称"四明狂客"，而李白当时还寂寂无闻。两人相差四十几岁，却成了忘年交。正是由于贺知章与李白酒楼品诗，金龟换酒，贺知章呼李白为"谪仙人"，向皇上保荐，加上唐玄宗的偏爱，李白才成为名扬四海的大诗人。

  天宝三年（744），贺知章得到了唐玄宗的恩准，因病告老还乡，在他离开长安时，皇上为了体现皇恩浩荡，亲自赋诗饯行，还令太子与百官赋诗送行。李白也因好友离别心情非常矢落惆怅，但天性乐观的他还是写了一首《送贺宾客归越》送给贺知章："镜湖流水漾清波，狂客归舟逸兴多。山阴道士如相见，应写黄庭换白鹅。"

后来李白又写了一首长诗《梦游天姥吟留别》，这首诗是李白离开长安后第二年写的，是一首记梦诗，也是游仙诗。诗中写他自己梦游仙府名山，着意奇特，构思精密，意境雄伟。感慨深沉激烈，变化惝恍莫测，于虚无缥缈的描述中，寄寓着生活现实。诗虽离奇，但不做作。内容丰富曲折，形象辉煌流丽，富有浪漫主义色彩。形式上杂言相间，兼用骚体，不受律束，体制解放。全诗信手写来，笔随兴至，诗才横溢，堪称绝世名作。其实李白当时还没有到过越州，却写下了这首诗，除了想拜访一下有知遇之恩的贺知章外，自然也有对越州美景的向往。接下来李白先后五次造访越州，一次次地歌颂若耶溪。

他在《送王屋山人魏万还王屋》中告诉朋友：

> 遥闻会稽美，且度耶溪水。
>
> 万壑与千岩，峥嵘镜湖里。
>
> 秀色不可名，清辉满江城。
>
> 人游月边去，舟在空中行。
>
> 此中久延伫，入剡寻王许。
>
> 笑读曹娥碑，沉吟黄绢语。
>
> 天台连四明，日入向国清。
>
> 五峰转月色，百里行松声。
>
> 灵溪恣沿越，华顶殊超忽。
>
> 石梁横青天，侧足履半月。

魏万后更名魏颢，别号王屋山人，是李白的崇拜者。后受李白之嘱于上元初编成《李翰林集》，有《李翰林集序》传世。可见两人的关系非同一般。这是一首长诗，这里引的是诗的第三部分，自"遥闻会稽美"至"侧足履半月",是专写魏万乘兴游台州、越州之事,将两地的山水名胜写得很美。大意是说:早就听说越州的会稽是个很美的地方,因而拨弄着若耶溪之水顺溪而游;千岩万壑各有风姿,峥嵘的山色都倒映到鉴湖的水底;其秀美之态难以名状,清辉秀色与会稽城郭相映成趣,游舟向着月边驶去,水天一色,小舟就像在空中慢慢地行驶;画中的人们流连忘返,想在剡溪再看到王羲之、许询等古代的名士;人们笑读汉代邯郸淳为十四岁的孝女曹娥立下的碑文,低声吟咏东汉大文学家蔡邕题下的"八字隐语";游罢了天台山又游赏四明山,傍晚时休憩在天台山的国清寺;在寺中欣赏着天台山五峰转月之美景,享受着百里悠

长的松涛清风；天明时在天台县北的灵溪中恣意玩赏，万丈高的天台高峰显得何其邈远；山涧中架起的石梁如横亘在天空中的一弯明月，游人们在半月形的小桥上小心翼翼地侧足而行。

这一部分描绘了台、越两地的山光水色之美，同时也讴歌了这里古老悠久的文化遗存。《晋书·王羲之传》云："会稽有佳山水，名士多居之，谢安未仕时亦居焉。孙绰、李充、许询、支遁等皆以文义冠世，并筑室东土，与羲之同好。"如诗中提到的"此中久延伫，入剡寻王许"，便是写魏万的怀古之情；再如诗中不仅提到了中国书法史上十分著名的曹娥碑，而且提到了汉代大文学家蔡邕为碑题下的"八字隐

远山淡影

语"。据《太平寰宇记》载，曹娥是东汉时著名的孝女，家居上虞。其父落水身亡，年仅十四岁的曹娥跳入深水，抱出父尸而死，当时的县令度尚命门生邯郸淳写碑文纪念她，文辞极为凄婉，这就是著名的曹娥碑。后来蔡邕读了这块碑文，题上"黄绢幼妇，外孙齑臼"八字，许多人都不解其意。据说三国时，曹操和杨修一起来曹娥庙祭拜。看到碑阴"黄绢幼妇，外孙齑臼"八个字，感到很奇怪，不解其意。最后杨修破译了这个谜语，说答案便是"绝妙好辞"。他给曹操解释说：黄绢是有颜色的丝绸，那便是"绝"字；"幼妇"是少女，即"妙"字；外孙是女之子，那是"好"字；"齑"是捣碎的姜蒜，而"齑臼"就是捣烂姜蒜的容器，用当时的话说就是"受辛之器"，"受"旁加"辛"就是"辞"的异体字。所以"黄绢幼妇，外孙齑臼"，谜底便是"绝妙好辞"。诗中的"笑读曹娥碑，沉吟黄绢语"，便是写魏万读碑猜谜底之情景。这些典故的恰当运用，不仅为台越山光水色增彩，而且为之增加了悠久文化的意蕴，同时也写出了著名文人道士游山水名胜的特有情趣。如果是一般山水游客，绝对不懂得这种文化意蕴，也没有这种雅兴。因为李白早年几次去过越州，而且魏万之游也和他初游吴越行程近似，魏万之游兴激发了他的青春回忆，纪游既是对魏万名士之风的称赏，又是对自己多次浙东之游的回忆。

李白去过越州后，对这里的了解确实多了很多，当他知道另一位朋友要访越，就兴致勃勃地介绍那边的风情：

送纪秀才游越

海水不满眼，观涛难称心。

即知蓬莱石，却是巨鳌簪。

送尔游华顶，令余发岛吟。

仙人居射的，道士住山阴。

禹穴寻溪入，云门隔岭深。

绿萝秋月夜，相忆在鸣琴。

这"道士"不是泛指，其实说的就是李白的恩人贺知章。诗中说道："你如果没有到过海边登上高处远眺大海，那样的话观赏海涛就难以称心。我们都知道海上有座蓬莱岛，是由巨鳌背负的，不知道把仙山驮到哪里去了。（但越州像蓬莱仙境的景致却是实实在在的。）此刻送你去游览天台山的华顶，我不由自主想放声高歌。那边有仙人居住的射的山，贺知章老先生就居住在会稽山麓的道士庄。你如果要寻找司马迁记载的禹穴的话，那必须顺若耶溪进去；隔着几座绵延的山岭，深藏其后的云门山云雾缭绕。绿萝丛中昏暗的月光隐隐约约，如果你想我的话，就像辨才一样弹起古琴曲，我是一定会有共鸣的。"

这里的射的山就在若耶溪的边上，相传有仙人在射箭，有仙鹤为仙人拾箭。贺知章在天宝三年（744），因病恍惚，上疏请度为道士，求还乡里，舍本乡宅为观，求周宫湖数顷为放生池。唐玄宗诏许之，赐鉴湖一曲。玄宗御制诗以赠，皇太子率百官饯行。贺知章回山阴五云门外道士庄，住千秋观，建一曲亭自娱。禹穴就是阳明洞，前往那里从若耶溪进入最方便。旁边有龙瑞宫，贺知章撰写的《龙瑞宫记》至今还在。沿若耶溪上溯，就是名气很大的云门寺。这里原是书法家王献之的老宅，后舍宅为寺。唐代住持辨才就以"琴棋书画"四艺皆精而著名。

贺知章的道士庄与千秋观应该就在若耶溪与鉴湖的边上，现在已经查不到当时的所在了。但南宋时还是保存着的，陆游就有诗记载：

潺潺溪流

舟过道士庄

江蓠芳杜满沙汀，道士庄前酒半醒。

上下风烟还竟日，往来鱼鸟各忘形。

归人薄晚常争渡，病叶先秋亦自零。

兴欲尽时犹小住，北村渔火看青荧。

陆放翁的这首诗就描写他晚上坐船路过当年贺知章退隐住过的道士庄时，所见的江南秋色。

据研究者统计，在唐朝将近三百年的历史中，总共有近四百位诗人游历过越州，其数量占《全唐诗》所收诗人数量的近五分之一。《唐才子传》收录才子二百七十八人，其中有一百七十三人曾经来过越州，占其总数的六成多。这些诗人中有声名显赫的李白与杜甫，还有卢照邻、骆宾王、杨炯、王勃、宋之问、李峤、孟浩然、元稹、白居易、陆羽、皎然、温庭筠、李绅、李德裕、杜荀鹤、罗隐、罗虬、包融、方干、贺知章、裴光庭、颜真卿、王维、张若虚、张志和、徐凝、韦庄、卢纶、张子容、皮日休、陆龟蒙等等，不胜枚举。有人说是李太白带了一个好头。我觉得虽有这种因素，但主要原因还是这里的人文地理和美景，爱美之心，人皆有之。这些人基本都在若耶溪泛舟游览，并以诗文描绘之。从这一点来看，说若耶溪是中国第一溪并不为过。

若耶溪傍采莲女

　　说到古人诗中的若耶溪，不仅仅只有"蝉噪林逾静，鸟鸣山更幽""月出惊山鸟，时鸣春涧中"这样静谧、空灵的境界，其实春夏秋冬、阴晴雨雪，若耶溪还会呈现不同的风貌。如果说这些诗句反映了若耶溪幽静的一面的话，那若耶溪还有喧闹与欢快的另一面；如果说这是诗人笔下若耶溪的山水画的话，那么若耶溪还有生动的人物画，这里有扶犁的农夫、垂钓的渔翁，更有那红装艳丽的美女游荡于碧波青莲之中。

　　唐诗中写若耶溪美女有二：一是浣纱女，二是采莲女。传说，这若耶溪就是西施浣纱之地，李白《送祝八之江东赋得浣纱石》写道："西施越溪女，明艳光云海。未入吴王宫殿时，浣纱古石今犹在。"唐代诗人施肩吾也在他的《越溪怀古》中写道："忆昔西施人未求，浣纱曾向此溪头。"

　　当然，西施除了在若耶溪浣纱外，也一定会采莲。李白就有这样的想象："镜湖三百里，菡萏发荷花。五月西施采，人看隘若耶。"

　　除了怀古，李白当然也描绘若耶溪的当下。自古到今，若耶溪一直是荷花盛开的地方，也一直是采莲女工作的地方。描绘采莲女的诗歌特别多，且看李白的另一首诗：

采莲曲

若耶溪傍采莲女，笑隔荷花共人语。

日照新妆水底明，风飘香袂空中举。

岸上谁家游冶郎，三三五五映垂杨。

紫骝嘶入落花去，见此踟蹰空断肠。

　　若耶溪旁，一群采莲女正在采莲蓬；莲叶遮掩着姑娘们的倩影，她们隔着荷花谈笑风生，互相嬉戏。在阳光的照耀下，采莲女的新妆更加鲜艳靓丽，倒映在清澈的水面上。少女们轻拂的香袖在空中飘荡，夹着荷花的清香散发开来，沁人心扉。那岸上是谁家少年在游荡？三三五五、似隐非隐在垂杨下。身边的紫骝马鸣叫着，谢落的花瓣纷纷飘下来。见此美景，骚人踟蹰，愁肠空断。

　　李白诗将若耶溪采莲女的娇艳清纯放在荷花丛中加以表现，又用岸上少年郎的徘徊踟蹰、不忍离去反衬采莲女的魅力，描绘出明艳、活泼、大方的采莲女的新形象，语言如出水芙蓉，天然清雅，毫无做作，一气呵成，展示出诗人的姿态高雅、清新脱俗，弥补了六朝以来采莲女形象的苍白与虚饰。

　　诗歌的结尾写一些少年骑着紫骝马，马儿嘶鸣着，惊花，花落，空见那一份景色，使人凄怆断肠。这里充满了诗人对时光飞逝、岁月不饶人的感叹，以及对美景易逝的无奈之情，寄托着作者因怀才不遇、壮志难酬而发出的愁思，这与他平素洒脱自信、率真不羁、清新飘逸的风格有所不同，而以一种细腻温婉的笔触书写，引人遐思。"踟蹰空断肠"，似是断肠人在天涯，就像诗人在《月下独酌》中描写的一样，一身孤傲，与月为伴，与影为伴，免不了有苍茫寂寥、清绝孤独之感，一向大气豪迈的李白也有避不了的人生悲哀。

唐代诗人的高明之处就在于善于从平凡的事物中发现美，不仅以细致的笔墨写出景物的鲜明形象，而且从景物中写出环境气氛和精神气质。就像王维的另一首写采莲女的诗作，虽然不长，但也情趣盎然：

莲花坞

日日采莲去，洲长多暮归。

弄篙莫溅水，畏湿红莲衣。

这是王维题友人居所的《皇甫岳云溪杂题五首》之一。诗中描写的主人公是一群天真活泼的采莲少女，这是文学作品中常见的描写对象，但短短的四句话，二十个字，就活脱脱呈现出一幅生动的画图。

"日日采莲去，洲长多暮归"两句写采莲少女的辛勤劳动，给读者留下了广阔的想象空间。"日日"是她们每天都会荡着小船出去劳动。若耶溪确实很长很长，莲也很多很多，但"洲长"和"暮归"之间没有什么因果关系，虽然水路很长，而且"洲长"莲也一定多，但即便如此，来回一趟，也不需一整天。"洲长"说的是长长的采莲环境，以及两岸的自然风光；"暮归"则表明这些采莲姑娘，撑着采莲船只早晚繁忙。因此"洲长多暮归"可解释为：一望无际的荷塘里长满了田田的莲叶、粉红的莲花，当然也有成熟的莲蓬；采莲姑娘们驾着船儿来回忙碌，傍晚时刻船儿都满载而归，载着肥硕的莲实，载着姑娘们的欢声笑语，载着无限温馨和丰收的愉悦。

日日采莲劳作，天天早出晚归，这是十分辛苦的工作，然而诗中的采莲人自有其生活乐趣。"弄篙莫溅水，畏湿红莲衣"，形象生动

若耶溪

地展现了采莲人对莲花的珍爱与怜惜，同时也表明她们热爱日常生活、珍惜美好事物的情操。姑娘们穿着红色的采莲劳作的服装，荡漾在红花绿叶之中，美不胜收。诗作反映诗人的观感，也流淌着诗人悠然的闲情逸致。

也许是采莲女太美，连出家人也禁不住写诗赞美，下面是唐代的和尚齐己的诗作：

相和歌辞·采莲曲

越江女，越江莲，齐菡萏，双婵娟。

嬉游向何处，采摘且同船。

浩唱发容与，清波生漪涟。

时逢岛屿泊，几共鸳鸯眠。

襟袖既盈溢，馨香亦相传。

薄暮归去来，芷罗生碧烟。

宋代也同样如此，如南宋著名诗人陆游，写若耶溪的诗歌也很多。

其中也有一首描写采莲女的：

采莲曲

采莲吴姝巧笑倩，小舟点破烟波面。

双头折得欲有赠，重重叶盖羞人见。

女伴相邀拾翠羽，归棹如飞那可许。

倾鬟障袖不应人，遥指石帆山下雨。

若耶溪的采莲女笑得十分甜美，一叶小舟点破水面泛起粼粼波纹。采莲少女寻觅折到并蒂莲，这花很难得，又有象征意义，女子若有所思却又羞怯不已，躲在重重叠叠的荷叶下羞红了脸，似荷花又比荷花更红艳。同来的伴侣相邀去捡拾翠羽，采莲少女的船却是划得飞快。采莲女没有应答，只是指着那远处的石帆山，那边已经在下雨了。这雨下得真好，让少女有了一个借口。她的心已经飞了，很着急地想把那并蒂莲送给如意少年。也许在这首诗里，那个不出面的少年才是主角，少女倾慕他，惦记他，想把寓意明确的礼物用最快的速度送到他手上。因为诗中写到石帆山，这就明明白白地告诉读者，这件事发生在美丽的若耶溪上。

元代的周权也有一首《采莲曲》：

越溪女郎十五六，翠绾香云双凤鬟。

嫣然一笑似花妍，艳试新妆照湖绿。

罗衣露湿红芳秋，少年陌上情绸缪。

兰桡容与隔花语，惊散鸳鸯生晚愁。

莲花莫折茎有刺，藕丝易断针难度。

清歌一曲入湖烟，空载香风满船去。

周权，字衡之，号此山，处州（今浙江丽水）人。他落魄却有才华，一度很不得志。他于延祐六年（1319）到京城，得到京都名人袁桷看重，被称为磊落湖海之士，谓其诗意度简远，议论雄深。袁桷力荐周权担任官职，周权却没有就任。后来周权回归江南，更专心于诗，唱和日多。其时名流赵孟頫、虞集、揭傒斯、陈旅、欧阳玄皆推许他的诗才。

明代杨文俪有诗：

采莲女

若耶采莲女，日出荡轻桡。

惯识溪中路，歌声入画桥。

杨文俪（生卒年不详），明代女诗人，字不详，是一位长寿者，活到了一百多岁。杨文俪自幼聪慧，熟读《内则》《列女传》等书，工诗，尤精于科举制艺。《四库全书总目》云："盖有明一代以女子而工科举之文者，文俪一人而已。诗其余事也。"杨文俪为诗清古严正，著有诗集一卷。

清代也有一首写采莲女的诗：

若耶溪采莲歌

三十六溪水清浅，波光倒影芙蓉脸。

怪底鸳鸯梦不惊，移船只在花近远。

花如解语似怜侬，侬爱花开香冉冉。

偷看鸳鸯醒未曾，采归已觉斜阳晚。

这也是一首情意绵绵、引人遐思的优美诗作。

林月花路入云溪

　　说到盛唐诗人，不能不提王维。王维，字摩诘，河东蒲州（今山西运城）人，有"诗佛"之称，与"诗圣"杜甫、"诗仙"李白并列。但实事求是地讲，从思想内容来看，王维诗远不能与李、杜相提并论；而在艺术方面，王维确有其独特的成就与贡献。唐代的刘长卿、大历十才子以至姚合、贾岛等人的诗歌，都在不同程度上受到王维的影响。苏轼评价："味摩诘之诗，诗中有画；观摩诘之画，画中有诗。"苏东坡也是诗画俱精的文人，他的评语也确实很到位。王维精通佛学，受禅宗影响很大。佛教经典中有一部《维摩诘经》，是王维名和字的由来。

　　王维诗中最能代表其创作特色的，当然要算描绘山水田园等自然风景及歌咏隐居生活的诗篇了。王维在描绘自然风景上的高度成就，使他在盛唐诗坛独树一帜，成为山水田园诗派的代表人物。他继承和发展了谢灵运开创的山水诗写作传统，对陶渊明田园诗的清新自然之风也有所吸取，使山水田园诗的成就达到了一个高峰，因而在中国诗歌史上占有重要的位置。他与孟浩然并称，是唐代山水田园诗派的代表人物。

　　作为山水田园诗的杰出代表，王维不会不知道越中山水，不会不向往稽山镜水。从王维的《别弟妹二首》中可以看出，王维寓居越中，并有两个"宛作越人语"的弟妹，说明住的日子应该不短了。有研究者认为，唐开元八年（720）至开元二十一年（733）间，王维在吴越地区漫游，有相应的依据可以判断他的《鸟鸣涧》《山居秋暝》《相思》等名篇作于越中。如王维诗《皇甫岳云溪杂题五首》中的皇甫岳，当时跟随任越州刺史的从祖父（祖父的兄弟）皇甫忠住在越州，从诗作来看，诗中所描绘的也符合江南的景色。

以前有人错把云溪说成长安附近的一处别墅，其实不然。且不说云溪就是若耶溪，亦即五云溪的简称，就看诗中的景物，也都是江南水乡的风光。一般桂花都生长于江南，只有在秦岭、淮河以南的地区才可露地越冬，在北方是很稀有的，不可能在野外见到。有人说，艺术创作不同于现实，现实中桂花是在秋天开的。这是他有所不知，其实南方也有春桂，还有四季桂，都可以在春天看到，只是不像秋桂那样香气浓郁而已。因为王维的这组诗都是写实的，所以这桂花应是实景无疑。我们看一下这组诗的第一首：

鸟鸣涧

人闲桂花落，夜静春山空。

月出惊山鸟，时鸣春涧中。

在人迹罕至的野外，只有桂花无声地飘落，静谧的夜晚，一片春日的山谷中几乎听不到声音。突然，明月升起光辉惊动了山中栖鸟，不时鸣叫在这春天的溪涧中。

王维喜欢在他的山水诗中创造静谧的意境，这首诗也是这样。诗中写花落、月出、鸟鸣，这些动的景物，既使诗显得富有生机而不枯寂，同时又通过"动"，更加突出地显示了春涧的"静"。动的景物反而能取得静的效果，这是因为矛盾的双方，总是互相依存的。在一定条件下，动之所以能够发生，或者能够为人们所注意，正是以静为前提的。连本来没有声音的月光都能惊动休息的鸟，说明这里很静很静。"鸟鸣山更幽"，这里面是包含着艺术辩证法的，因为它更能衬托这幽静。

清初的诗评家徐增就在他的《而庵说唐诗》一书中说过："'夜静春山空'，右丞精于禅理，其诗皆合圣教，有此五个字，可不必更读十二部经矣。'时鸣春涧中'，夫鸟与涧同在春山之中，月既惊鸟，鸟亦惊涧，鸟鸣在树，声却在涧，纯是化工，非人为可及也。"

说到若耶溪的夜景，还有一首诗不得不提一下，这就是綦毋潜写的诗，他是不是受王维的影响还不太清楚，但从诗作可以看出，两人的风格比较接近。他写的也是春天，也是若耶溪夜色：

春泛若耶溪

幽意无断绝，此去随所偶。

晚风吹行舟，花路入溪口。

际夜转西壑，隔山望南斗。

潭烟飞溶溶，林月低向后。

生事且弥漫，愿为持竿叟。

綦毋潜，字孝通，虔州（今江西赣州）人，唐代著名诗人。开元十四年（726）进士及第，授宜寿（今陕西周至）尉，迁右拾遗，终官著作郎，安史之乱后归隐，游江淮一带，后不知所终。綦毋潜才名盛于当时，与许多著名诗人过从甚密，如李颀、王维、张九龄、储光羲、孟浩然、卢象、高适、韦应物等。其诗清丽典雅，恬淡适然，后人认为他的诗风接近王维。这首五言古体诗大约是綦毋潜因安史之乱爆发而归隐之后创作的作品。诗人在一个春江花月之夜，泛舟若耶溪，滋生出无限幽美的情思。

诗中说："我寻幽探胜的心意其实是随遇而安的，没有一定的打算，它会随着一路看到的景色不断变化。晚风吹送我坐的舟船，沿着开满鲜花的河岸荡入若耶溪口。星夜已经转过那西边的山岭，我隔山仰望天上的南斗星辰。潭底升起渺渺的轻雾，林中月亮慢慢地要落在山林的背后。看着这若耶溪的夜景，不由得想起世事何等纷繁渺茫，我其实更想做一名隐居的钓叟。"

此诗开篇"幽意无断绝"句，以"幽意"二字透露了全诗的主旨，即幽居独处，远离繁杂的世事，放任自适的意趣。这种"幽意"支配着他的人生，不曾"断绝"，因此，他这次出游只是轻舟荡漾，任其自

若耶溪

然，所以说"此去随所偶"。"偶"即"遇"。诗人在这里流露出一种随遇而安的情绪。

以下写泛舟的时间和路线，描写沿岸景物。"晚风吹行舟，花路入溪口"，习习晚风，吹拂着游船，船儿任凭轻风吹送，转入春花夹岸的溪口，恍如进入了武陵桃源胜境，多么清幽，多么闲适！"晚"字点明泛舟的时间，"花"字切合题中的"春"，看似信笔写来，却又显得用心细致。"际夜转西壑，隔山望南斗"，写出游程中时间的推移和景致的转换。"际夜"，是到了夜晚，说明泛舟时间之久，正是"幽意无断绝"的具体写照。"西壑"，是舟行所至的另一境地，当置身新境，心旷神怡之时，抬头遥望南天斗宿，不觉已经"隔山"了。

"潭烟飞溶溶，林月低向后"二句，是用淡墨描绘的如画夜景。"潭烟"，是溪上的水雾，"溶溶"，是夜月之下雾气朦腾的景状，而一个"飞"字，把水色的闪耀、雾气的飘逸、月光的洒泻，都写活了；"林月低向后"，照应"际夜"，夜深月沉，舟行向前，两岸树木伴着月亮悄悄地退向身后。这景象是美的，又是静的。

诗人以春江、月夜、花路、扁舟等景物，创造了一种幽美、寂静而又迷蒙的意境。而怀着隐居"幽意"的泛舟人，置身于这种境界之中，"生事且弥漫，愿为持竿叟"，人生世事正如溪水上弥漫无边的烟雾，缥缈迷茫，作者愿永做若耶溪边一位持竿而钓的隐者。"持竿叟"，就对应出生于余姚的严子陵在富春江隐居垂钓的故事，表明诗人心迹。末二句抒发的感慨极其自然，由夜景的清雅更觉世事的喧嚣，便自然地追慕"幽意"的人生。

殷璠说綦毋潜"善写方外之情"（《河岳英灵集》）。作者超然出世的思想感情给若耶溪的景色抹上一层孤清、幽静的色彩。但是，由于作者描写的是一个春江花月之夜，又是怀着追求和满足的心情来描写的，因而这夜景被状写得清幽而不荒寂，有一种不事雕琢的自然美，整首诗也就显得"举体清秀，萧萧跨俗"（《唐音癸签》引殷璠语），体现出一种兴味深长的清幽意境。在写法上，诗人紧扣题目中一个"泛"字，在曲折回环的扁舟行进中对不同的景物进行描写，因而所写的景物虽然寂静，但整体上却有动势，恍惚流动，迷蒙缥缈，呈现出隐约跳动的画面，给人以轻松畅适的感受和美的欣赏。

同样写过若耶溪夜景的还有一些诗人，如唐代曾经赏识与提拔过颜真卿的孙逖：

酬万八贺九云门下归溪中作

晚从灵境出，林壑曙云飞。

稍觉清溪尽，回瞻画刹微。

独园余兴在，孤棹宿心违。

更忆登攀处，天香满袖归。

唐代天宝年间的郑绍：

游越溪

溪水碧悠悠，猿声断客愁。

渔潭逢钓楫，月浦值孤舟。

访泊随烟火，迷途视斗牛。

今宵越乡意，还取醉忘忧。

应该说，在诸多写若耶溪的诗歌中，唐代中期的一首联句诗最具特色：

入五云溪寄诸公联句（从一字至九字）

东，西。（鲍防）

步月，寻溪。（严维）

鸟已宿，猿又啼。（郑概）

狂流碍石，进笋穿蹊。（成用）

望望人烟远，行行萝径迷。（吕渭）

探题只应尽墨，持赠更欲封泥。（陈允初）

松下流时何岁月？云中幽处屡攀跻。（张叔政）

乘兴不知山路远近，缘情莫问日过高低。（贾弇）

静听林下潺潺足湍濑，厌问城中喧喧多鼓鼙。（周颂）

　　这首诗也是写若耶溪的夜景，而且是越州诗人严维与其诗友的"唱和诗"。"从一字至九字"是对所酬和诗歌格式的限制，众人应该是按抽签顺序依次接龙，在具体创作时可根据所写内容再命一个相应的诗题，如"入五云溪"就是一个"总题"，鲍防、严维等人的联句诗题就包括了内容和体裁两方面的要素，而且众人的创作必须浑然一体，这很考验诗人的急智与文才。但也正是这批本土诗人，最了解若耶溪，也最了解若耶溪的夜景。

从西施浣纱若耶到词牌"浣溪沙"

　　人们在品读优美隽永的唐宋词时，经常会被其意境独到的词牌名所吸引。"虞美人""蝶恋花""念奴娇""凤栖梧"……且不看辞章内容，单看这些词牌名，已有无限诗意在其中了。这些沉淀了古典诗词精华的词牌名，虽历经千年仍魅力不减，至今犹令人沉迷不已。每个词牌名都有其动人的由来与出处。比如"菩萨蛮"，就是唐代的女蛮国进贡过一些貌美如花的女子，她们梳着高髻，戴着金冠，满身璎珞，貌如菩萨，因此教坊的乐师就借景生情，谱成《菩萨蛮》曲供人们歌唱。而"浣溪沙"则因春秋时期越国美女西施在若耶溪浣纱的传说而得名。

　　西施，原名施夷光，春秋末期人，生于浙江诸暨，天生丽质，貌美如花，有"沉鱼"之喻，言西施在溪边浣纱时，鱼见其美都自惭形秽，沉于水底。唐代宋之问有首歌咏西施的《浣纱篇赠陆上人》："鸟惊入松网，鱼畏沉荷花。"说的就是西施沉鱼的故事。当时越国称臣于吴国，越王勾践卧薪尝胆，谋划复国。勾践针对"吴王淫而好色"的个性，与范蠡设计，"得诸暨苎萝山卖薪女西施、郑旦"，送与吴王。西施受命专以美色诱惑吴王夫差，使夫差沉溺其中，不理朝政，终致众叛亲离，走上亡国之路。

　　西施浣纱的溪，一说在今浙江诸暨南近郊的苎萝山下，至今溪畔有浣纱石，上有传为东晋王羲之所书的"浣纱"二字。一说浣纱石在绍兴市区东南四十五里处的若耶溪。宋《嘉泰会稽志》卷十一载："西施（浣纱）石，在若耶溪。"唐代的王轩有诗言此事："岭上千峰秀，江边细草春。今逢浣纱石，不见浣纱人。"而王维《西施咏》云："艳色天下重，西施宁久微。朝为越溪女，暮作吴宫妃。"越溪，即若耶溪的别称。有趣的是，越溪也曾形成过一个词牌，叫《越溪春》，节奏明快欢乐。

　　若耶溪，又名越溪、刘宠溪、五云溪，溪畔青山叠翠，溪内流泉澄碧，两岸风光如画，是绍兴境内一条著名的溪流，流淌着数千年的文化与风韵。这里是於越部族的发祥之地，溪边有不少古代於越部族的遗迹，也流传着许多生动和风趣的传说，如欧冶子铸剑、秦皇登临、禹得天书、若耶樵风、阳明洞天等，西施浣纱和采莲也是其中之一。

若耶溪

虽然史书对西施在若耶溪浣纱和采莲的记载很少，但唐宋以降，吟咏其事的诗词作品相当多，且影响很大。如唐代李白的《子夜吴歌·夏》，言及西施五月曾在此采莲，因西施有"沉鱼落雁"之美，引得来观看的人挤满了若耶溪：

> 镜湖三百里，菡萏发荷花。
> 五月西施采，人看隘若耶。
> 回舟不待月，归去越王家。

又如，唐代李绅的《若耶溪》：

> 岚光花影绕山阴，山转花稀到碧浔。
> 倾国美人妖艳远，凿山良冶铸炉深。
> 凌波莫惜临妆面，莹锷当期出匣心。
> 应是蛟龙长不去，若耶秋水尚沉沉。

再如，宋代辛弃疾的《汉宫春·会稽蓬莱阁怀古》：

秦望山头，看乱云急雨，倒立江湖。不知云者为雨，雨者云乎？长空万里，被西风、变灭须臾。回首听、月明天籁，人间万窍号呼。

谁向若耶溪上，倩美人西去，麋鹿姑苏？至今故国人望，一舸归欤。岁云暮矣，问何不、鼓瑟吹竽？君不见、王亭谢馆，冷烟寒树啼乌。

还有，清代陈维崧的《水调歌头·题余氏女子绣西施浣纱图为阮亭赋》：

婀娜针神女，春昼绣西家。闻道若耶溪上，渌水漾明沙。为忆吴宫情事，蓦地养娘来至，羞脸晕朝霞。忙向屏山畔，背过鬓边鸦。

一春愁，三月雨，满栏花。西施未嫁，当初情绪记些<u>些</u>。靠着绣床又想，拈着鸳针又放，幽思渺无涯。一幅鲛绡也，错认越溪纱。

生于贫家的西施，因为要做许多的农事，受不得诸多礼仪的束缚，于村前院后、河畔溪边忙碌，顾不得许多，其中采桑采莲、浣纱濯锦更是水乡女子的本分。晨曦微露的春日，好风融融的午间，西施在这里漂洗新纱，采桑采莲，也从此地赴吴，踏上一条不归路。这动人的传说和堪怜堪叹的结局，就这样一直传唱，直到唐代，教坊乐师将她的故事编成曲，成为坊间最受欢迎的戏，"浣溪沙"由此而成为唐教坊曲名。而后，因后人多用西施浣纱来形容极美的事物并歌而咏之，"浣溪沙"遂成为唐以后诗（词）人常用的词牌，并与"念奴娇""雨霖铃""沁园春""水调歌头"等并列入十大词牌名。

"浣溪沙"分平仄两体，字数以四十二字居多，另有四十四字和四十六字两种。最早采用此调的是唐人韩偓，通常以其词《浣溪沙·宿醉离愁慢髻鬟》为正体，另有四种变体。正体双调四十二字，上片三句三平韵，下片三句两平韵。

唐五代以来，"浣溪沙"民间词曲主题丰富，如女性、隐逸、羁旅、爱国等，其语言俚俗，风格质朴；文人词则主题趋向统一，多言闺情、相思，用语绮艳，风格婉转含蓄。宋代相较于唐五代时期，在音乐形式上，词牌"浣溪沙"这一固定写作格式确立，使得歌词与音乐曲调有机结合起来。为了表达不同情调，还出现了"摊破""减字"等变化形式，并有词人创制了词牌"浣溪沙慢"。此调宋以后为婉约、豪放两派词人所常用，直至清代仍然长盛不衰。

　　根据今人的统计，在现存一千多个词牌中，使用频率最高的当数
"浣溪沙"。历史上以"浣溪沙"为曲名词牌倚声的词家甚众，佳作亦
数不胜数。如宋代秦观的《浣溪沙·漠漠轻寒上小楼》，以轻浅的色
调、幽渺的意境，描绘一个女子在青烟似的春阴里所生发的淡淡哀愁和
轻轻寂寞。全词意境娴静悠闲，含蓄有味，令人回味无穷，一咏三叹。
尤其是下阕起首两句，飞花似梦、细雨如愁，被后人誉为绝妙的佳句。
全词如下：

　　　漠漠轻寒上小楼，晓阴无赖似穷秋。淡烟流水画屏幽。
　　　自在飞花轻似梦，无边丝雨细如愁。宝帘闲挂小银钩。

沉思往事立残阳

《浣溪沙》中最广为人知的一首，当数晏殊所写的：

一曲新词酒一杯，去年天气旧亭台。夕阳西下几时回？
无可奈何花落去，似曾相识燕归来。小园香径独徘徊。

兹再举历代《浣溪沙》名作数阕：

韩 偓

拢鬓新收玉步摇，背灯初解绣裙腰。枕寒衾冷异香焦。
深院不关春寂寂，落花和雨夜迢迢。恨情残醉却无聊。

韦 庄

清晓妆成寒食天，柳球斜袅间花钿。卷帘直出画堂前。
指点牡丹初绽朵，日高犹自凭朱栏。含嚬不语恨春残。

李 煜

转烛飘蓬一梦归，欲寻陈迹怅人非。天教心愿与身违。
待月池台空逝水，荫花楼阁漫斜晖。登临不惜更沾衣。

苏 轼

细雨斜风作晓寒，淡烟疏柳媚晴滩。入淮清洛渐漫漫。
雪沫乳花浮午盏，蓼茸蒿笋试春盘。人间有味是清欢。

张孝祥

霜日明霄水蘸空。鸣鞘声里绣旗红。淡烟衰草有无中。
万里中原烽火北，一尊浊酒戍楼东。酒阑挥泪向悲风。

辛弃疾

北陇田高踏水频，西溪禾早已尝新。隔墙沽酒煮纤鳞。
忽有微凉何处雨，更无留影霎时云。卖瓜人过竹边村。

李清照

绣面芙蓉一笑开，斜飞宝鸭衬香腮。眼波才动被人猜。

一面风情深有韵，半笺娇恨寄幽怀。月移花影约重来。

纳兰性德

谁念西风独自凉，萧萧黄叶闭疏窗。沉思往事立残阳。

被酒莫惊春睡重，赌书消得泼茶香。当时只道是寻常。

王国维

山寺微茫背夕曛，鸟飞不到半山昏。上方孤磬定行云。

试上高峰窥皓月，偶开天眼觑红尘。可怜身是眼中人。

若耶溪以两岸的美丽风光闻名天下，因西施在此浣纱和采莲的传说而引诗人骚客歌而咏之，"浣溪沙"也因此而成为中国古代诗词中著名的词牌，产生了许多以此词牌创作的名篇，堪称文坛佳话。

若耶溪上雨声来，秦望山前雾不开

　　对于刘基（字伯温），我原本了解不多。只知道刘基是明王朝的开国功臣，他在我心目中是一个"运筹帷幄之中，决胜千里之外"的如姜子牙、张良、诸葛亮一般的人物。

　　上大学时老师讲文学史，专门讲到他的讽喻性寓言集《郁离子》，重点解析了《卖柑者言》。这算是我初识刘基。后来自己当老师，也对学生讲了《卖柑者言》。为讲授好这篇文章，我专门阅读了一些有关刘基的资料，对他有了比较多的了解，并由此喜爱上了刘基，特意买了《郁离子》，不时咏读体味，感到集中之文，篇篇心血所系，体现其性情、智慧、才华、志向，也颇具诗意。

　　《左传》曰："太上有立德，其次有立功，其次有立言，虽久不废，此之谓不朽。"随着对刘基了解的深入，我知道了刘基属于"三不朽"的人物。

　　何以谓之？刘基注重道德修养，具备儒家所尊重的品行、气节、思想境界，以修己成人、修己安人、修己善群为做人宗旨。此为"立德"。

元至正二十年（1360），刘基到应天府（今江苏南京）辅佐朱元璋灭陈友谅，执张士诚，降方国珍。明建国后，刘基与宋濂、李善长制诸典制，为明立国出力大焉。此为"立功"。

当时，刘基以为满腹经世之才再也无法"见诸行事"了。无法立功，便寄望立言，在《郁离子》中，刘基将毕生绝学以及满腹心事托于"空文"，"以俟知者"，"以待王者之兴"。其门生徐一夔将《郁离子》的内容归纳为正己、慎微、修纪、远利、尚诚、量敌、审势、用贤、治民九个主要方面，可以说都是儒家修身、齐家、治国、平天下那一套。其实，《郁离子》的内容非常广泛丰富，远不止上述九个方面，也远非正统儒家思想所能概括。此为"立言"。故现代著名学者钱仲联称："刘基政治、道德、文章，在明初首屈一指，较之同时之宋濂，实为过之。"

后来，读了孟文镛先生的文章，才知道刘基与绍兴的渊源。他曾在绍兴居住多时，并多次游云门山、若耶溪，最长的一次历时一个多月，还撰有多篇关于绍兴的诗文，特别是关于若耶溪一带的诗文。其诗如《春兴》：

（其一）

会稽南镇夏王封，蔽日腾空紫翠重。

阴洞烟霞辉草木，古祠风雨出蛟龙。

（其二）

玄夷此日归何处，玉简他年岂再逢。

安得普天休战伐，不令竹箭困输供。

又如《题湖山烟雨图》：

　　　　若耶溪上雨声来，秦望山前雾不开。

　　　　欲渡镜湖寻禹完，苍藤翠木断猿哀。

　　而刘基写云门山、若耶溪的散文，同样是中国文学史上的名篇，如《松风阁记》《活水源记》。在同时代作家的作品中，像刘基的一系列山水之记这样纯粹的散文作品，委实找不出多少。黄宗羲在《明文案》的序言中说："有明之文，莫盛于国初，再盛于嘉靖，三盛于崇祯。"在鼎盛的国初，刘基又居数一数二的地位。

　　元末至正十三年至十六年（1353—1356），刘基被羁管于绍兴。据黄伯生《故诚意伯刘公行状》："公在绍兴，放浪山水，以诗文自娱。时与好事者游云门诸山，皆有记。"康熙《会稽县志》卷二十二载，刘基"居绍兴，放浪山水，以诗文自娱。凡新、剡、萧、暨诸名胜游赏殆遍，而盘桓云门诸山最久，具有记"。

　　至正十五年（1355）刘基两次游览云门诸山，盘桓良久。

　　第一次是正月二十一日，刘基邀朱右、李伏、富好礼等结伴游览云门诸山。舟出越城东南，入鉴湖，溯若耶溪而上，经樵风迳、铸铺岙，泊于云峰之下，众人登岸到平水市（今平水镇）。二十二日，前往灵峰寺。灵峰寺在金鸡峰下，陶山在其前，日铸岭在其东南，山上遍植绿竹翠松，也多枫树。寺后悬岩上，有一松风阁，系奎上人居处。松风阁侧有三棵松树，微风拂之如泉鸣，稍大如奏乐，大风至则扬波振鼓，阁因此名曰"松风阁"。松风阁下有一泉，水从石罅中流出浸为渠，伏行沙土中，积成四小池，复流入山麓，潴为大池，东注若耶溪。初为渠时，深不逾尺，而澄澈可鉴，于崖上俯视，松竹花木均映入水中。泉水终年不枯，冬暖夏凉，泉为之名"活水源"。

山间胜境

二十三日，刘基循若耶溪而上，前往云门寺。沿途两山谷左右夹道，或俯或仰，或偃或立，或正或欹，或蜿蜒若虬龙，或飞翔若鸾凤，或如倚盖、如舞袖、如展诰，如仙人袒腹倨傲而坐，如宫女冠帔敛容而立，如麒麟、如卧牛、如奔象、如鹅鼻、如鹿头、如木禾、如灵芝、如庆云，又如帆、如旗、如酒瓮、如香炉，千态万状，真使人应接不暇。刘基在云门寺游览了丽句亭、浮青阁、好泉亭、醴泉、松花坛等胜景，以及葛洪炼丹井、智永禅师笔冢墨池等故迹，观看了寺中记咏载籍及虞集撰写的《云门寺记》碑。二十五日，刘基出云门，渡不负岭（相传唐萧翼取《兰亭集序》时，至兹岭阅视，喜曰："不负此行矣。"后人以此名之），至法华寺。二十六日，在法华寺观看维卫佛铜像，南梁朝所赐法衣、铁拄杖，以及唐李邕所书碑石刻。下午自林壑亭东出涧口，折而北行十里至溪埠，后乘舟返城。

第二次是同年夏天，刘基重游云门诸山，时间长达一个多月。在灵峰寺松风阁住了十余日，得以领略松风之妙，"金鸡之峰，有三松焉，不知其几百年矣"。其松风"听之可以解烦黩，涤昏秽，旷神怡情，恬淡寂寥，逍遥太空"。"微风拂之，声如暗泉飒飒走石濑；稍大，则如奏雅乐；其大风至，则如扬波涛，又如振鼓，隐隐有节奏。""予，四方之寓人也，行止无所定，而于是阁不能忘情。"刘基撰《松风阁记》记之。于活水源也更见其佳，"有泉焉，其始出石罅，涓涓然，冬温而夏寒，浸为小渠。冬夏不枯，乃溢而西南流。"刘基撰《活水源记》记之。刘基由灵峰寺僧人陪同重游云门，及普济寺、明觉寺、深居精舍等名胜古迹。出灵峰，循溪而上，至普济寺，登清远楼。启窗眺望，则陶山、柯山、秦望诸峰尽收眼底。有泉出竹根流入于楼下，楼外又有白石冈，石色皆白如玉，真是一神仙所在。二十日，刘基返灵峰，再宿松风阁。二十三日，刘基再撰《松风阁记》。

刘基两次云门、若耶之游，历时一个多月。他效法唐宋八大家之一的柳宗元，撰写了多篇游记和大量诗篇。《诚意伯文集》卷六收录的有关云门若耶的游记有《出越城至平水记》、《游云门记》、《松风阁记》、《活水源记》、《自灵峰适深居过普济寺清远楼记》、《发普济过明觉寺至深居记》、《深居精舍记》、《绍兴崇福寺记》和再撰《松风阁记》等九篇，足见其对云门、若耶山水情有独钟。他在《游云门记》中说："昔唐柳先生谪居岭外，日与宾客为山水之游，凡其所至，一丘一壑莫不有记。夫岭外黄茅苦竹之地，有一可取犹必表而出之，而况乎云门若耶以山水名于天下者哉？"

会稽山香炉峰

文写山水，早已有之，有意为记，始自唐代。元结《右溪记》已初具规模，至柳宗元创成一体。其特点是重趣、尚实而含情，在对自然景物的客观细致而凝练简洁的精心描写中，传达出作者的欣赏与会通。至宋，理学渐起，山水之情也入于理致，如王安石的《游褒禅山记》、苏轼的《石钟山记》等，结尾都是由理入情。元代文章，深受理学浸润，载道风盛，较为纯粹的山水游记已如久违的空谷足音。因缘际会，刘基避地绍兴，处境也颇同于柳宗元的贬谪；若耶山水，亦如永州（有人考察后指出，柳、刘二人的山水游记所记风物也颇相类）。所以，这一组游记文章，也很有柳宗元的味道。

比如说，他在《活水源记》中写水面小虫，栩栩如生，生动如画：

又有虫四五枚，皆大如小指，状如半莲子，终日旋转行水面，日照其背，色若紫水晶，不知其何虫也。

这种描写，很容易让读者想起柳宗元的《小石潭记》。

再如《出越城至平水记》，记的是他从水路经镜湖、若耶溪、昌源等地前往平水市（今平水镇）的经历：

舟出越城东南，入镜湖四里许，为贺监宅，宅今为景福寺。又东南行二里许，为夏后陵，陵旁为南镇祠。又东可二里，入樵风泾，东汉郑巨君采薪之所也。径上有石帆山，状如张帆。又折而西南行二里，为阳明洞天。其中有峰，状如伞，名曰石伞之峰。

⋯⋯⋯⋯⋯⋯

有故宋废陵，盖理宗上皇之所葬也。其上有山，状如香炉，名曰香炉之峰。入南可四里曰铸浦，是为赤堇之山，其东山曰日铸，有铅、锡，多美茶，又南行六七里，泊于云峰之下，曰平水市，即唐元微之所谓草市也。

这移步换景，一气呵成，似不经意，粗看仿如行程实录，细读则真味存焉。这就是刘基散文的高明之处。故文史学者钱基博指出，刘基"会稽山水诸记，幽秀有柳州之意；其音清越，殊胜濂也"。

刘基在写这些会稽若耶山水的文章时，不像宋濂那样温醇，把感情投注于写作的对象里面，反而显出一种峭刻、清冷，与宋代的王安石相似，却没有瘦削之感。他无意于就事论事或纯粹地绘景，其笔下的一山一石、一树一草，都有透出言外的意态。

仅以《活水源记》为例，刘基从泉水的冬夏不枯和由小到大，写其涌动活跃的生命力：涓涓细流，逐渐汇合成了小渠，水从渠中溢出向西南流去，在沙土中形成潜流，从旁渗出积成四个小池；东流至山脚下又汇聚成一个大池；再向东流注入若耶溪中，向东北又流入鉴湖之中。这水伏行旁出，时隐时现，溢淌流注，奔腾不息，犹如血脉之流贯于人体的全身，它赋予了山川自然以生命。作者意犹未尽，又写了那些依托这活水，栖息繁衍于水旁或水中的各种生物，如鸟类或不知名的小虫子的活动，为读者展示了一个生意盎然的世界，这世界是凭着这水而存在，而充满生机的。读者不仅进一步领悟到"活源"这"活"字的精神，而且不能不为这受"活水源"之水滋养而生机勃勃的大自然所深深地吸引和感染。最后用"君子之德"喻活水源泽被作物，把对活水源的赞美升华到一个新的高度，可谓意趣和境界皆高而深远，展示了他所具有的安民济世的胸怀和抱负，以及开阔、明朗的胸怀气度。

刘基这一系列绍兴山水纪游文章，不仅为我们留下了一笔丰富的文学遗产，也使我们领略了当时云门诸山及若耶溪绚丽灿烂的风光。

【延伸阅读】

活水源记

刘 基

灵峰之山，其上曰金鸡之峰。其草多竹，其木多枫楮，多松。其鸟多竹鸡，其状如鸡而小，有文采，善鸣。寺居山中，山四面环之，其前山曰陶山，华阳外史弘景之所隐居。其东南山曰日铸之峰，欧冶子之所铸剑也。寺之后，薄崖石有阁曰松风阁，奎上人居之。

有泉焉，其始出石罅，涓涓然，冬温而夏寒，浸为小渠。冬夏不枯，乃溢而西南流，乃伏行沙土中，旁出为四小池，东至山麓，潴为大池，又东注于若耶之溪，又东北入于湖。其初为渠时，深不逾尺，而澄澈可鉴，俯视，则崖上松竹华木皆在水底，故秘书卿白野公恒来游，终日坐水旁，名之曰活水源。其中有石蟹大如钱，有小鲫鱼，色正黑，居石穴中，有水鼠常来食之。其草多水松、菖蒲。有鸟大如鸲鹆，黑色而赤嘴，恒鸣其上，其音如竹鸡而滑，有二脊令，恒从竹中下，立石上，浴饮毕，鸣而去。予早春来时方甚寒，诸水族皆隐不出，至是，悉出。又有虫四五枚，皆大如小指，状如半莲子，终日旋转行水面，日照其背，色若紫水晶，不知其何虫也。

予既爱兹水之清，又爱其出之不穷，而能使群动咸来依，有君子之德焉。上人又曰："属岁旱时，水所出，能溉田数十亩。"则其泽又能及物，宜乎白野公之深爱之也。

松风阁记

刘 基

雨、风、露、雷，皆出乎天。雨露有形，物待以滋。雷无形而有声，惟风亦然。

风不能自为声，附于物而有声，非若雷之怒号，訇磕于虚无之中也。惟其附于物而为声，故其声一随于物，大小清浊，可喜可愕，悉随其物之形而生焉。土石厜㕒，虽附之不能为声；谷虚而大，其声雄以厉；水荡而柔，其声汹以㴸。皆不得其中和，使人骇胆而惊心。故独于草木为宜。而草木之中，叶之大者，其声窒；叶之槁者，其声悲；叶之柔者，其声懦而不扬。是故宜于风者莫如松。

盖松之为物，干挺而枝樛，叶细而条长，离奇而龙㦬，潇洒而扶疏，鬖髿而玲珑。故风之过之，不壅不激，疏通畅达，有自然之音；故听之可以解烦黩，涤昏秽，旷神怡情，恬淡寂寥，逍遥太空，与造化游。宜乎适意山林之士，乐之而不能违也。

金鸡之峰，有三松焉，不知其几百年矣。微风拂之，声如暗泉飒飒走石濑；稍大，则如奏雅乐；其大风至，则如扬波涛，又如振鼓，隐隐有节奏。

方舟上人为阁其下，而名之曰松风之阁。予尝过而止之，洋洋乎若将留而忘归焉。盖虽在山林，而去人不远。夏不苦暑，冬不酷寒，观于松可以适吾目，听于松可以适吾耳，偃蹇而优游，逍遥而相羊，无外物以汩其心，可以喜乐，可以永日，又何必濯颍水而以为高，登首阳而以为清也哉？

予，四方之寓人也，行止无所定，而于是阁不能忘情，故将与上人别而书此以为之记。

时至正十五年七月九日也。

刘大白：若耶滋养的白话诗奠基人

一方水土养一方人。

这里的若耶溪，照众山倒影，景色旖旎，窥之若画。

这里的会稽山，绵延百里，奇峰峻岭，峰峦叠翠，美不胜收。

这就是坐落在绍兴城南、人杰地灵、文化昌盛的古镇平水。山之雄，溪之秀，将半山半水之间的平水镇装点得如诗如画，这一方水土滋养着一方人。

中国白话诗的倡导者和奠基人——刘大白，就生于斯，长于斯，从小受到这山水的浸润和人文气韵的滋养。

在中国近现代文学史上，民国时期进步的文化人，是一个令人难忘的群体。他们中的许多人，经历了清王朝、北洋政府，在那风雨如晦的年代，他们上下求索，忍辱负重，以笔为枪，热血讴歌，他们每个人的身上，无不带有鲜明的时代特色。而刘大白就是他们中的一员，在中国近现代文学史上镌刻着浓墨重彩的一笔。

刘大白（1880—1932），原名金庆棪，字伯贞，辛亥革命后，更名为刘靖裔，字大白，曾用笔名汉胄。

刘大白青少年时期在平水镇度过，曾为清朝贡生。辛亥革命后参加反对袁世凯的斗争，失败后被迫流亡日本和南洋等地，直至1916年袁世凯死后才回国。他先后担任过复旦大学文学系教授和南京国民政府教育部次长等职，1932年2月病故于杭州。主要著作有：新诗集《旧梦》《再造》《秋之泪》《卖布谣》《邮吻》，旧诗集《白屋遗诗》，另外还有论集《白屋说诗》《白屋文话》《白屋书信》《旧诗新话》《文字学概论》《中国文学史》等。

刘大白是新文化运动的主将之一，与经亨颐、陈望道、夏丏尊并称为"浙江四杰"。作为清朝的举人，他的旧学功底深厚，可他反对旧文化的情绪尤为激烈，他说文言是"鬼话文"，白话是"人话文"，与胡适等人不遗余力地提倡白话写作，并致力于白话新诗的创作。

刘大白的白话新诗题材较为广泛、多样，有歌颂十月革命胜利和表达对新社会制度的向往的，有歌颂工人阶级的节日和赞扬劳动人民的，也有反映农民疾苦的。他的诗以描写民众疾苦之作影响最大。因《卖布谣》一诗，刘大白被称为"五四以来中国用新诗写出农民疾苦的第一个诗人"。此诗经著名音乐家赵元任谱曲后流传全国，影响巨大。

刘大白的白话新诗感情浓烈，语言明快有力，通俗易懂，并以触及重大的社会课题和鲜明的乡土色彩，开创了诗歌创作的一代新风，在五四时期的诗坛上别具一格，堪称中国新诗的倡导者和奠基人之一，为新文化运动的发展做出了巨大的贡献。

刘大白不但是一位创作甚丰的诗人，而且他在文学评论方面也有超乎一般见解的深刻精辟的思想，从其《白屋文话》《旧诗新话》《白屋说诗》等谈诗论文的集子中可见一斑。

刘大白深厚的旧学功底和此后的新诗成就，可以说得益于家乡这一方水土的滋养。

其家乡平水镇是一个依山傍水、景色旖旎、文化昌盛的文明古镇。

平水镇周围多山，它依偎在会稽山的怀抱中。会稽山是中国九大名山之一，它绵延百里，奇峰峻岭，犹如一道翠色的自然屏障，屹立在城南，将绍兴南部的风景装扮得妖娆多姿。《山海经》云："会稽之山四方，其上多金玉，其下多砆石，勺水出焉。"会稽山中还有许多山。北有秦望山、云门山、若耶山、化鹿山、射的山、刻石山和旗山等，其最高峰是秦望山，平水镇就位于它的南麓。王阳明有《登秦望山》诗赞之："秦望独山万山雄，萦纡鸟道盘苍空。飞泉百道泻碧玉，翠壁千仞削古铜。"

平水镇又因若耶溪而闻名天下。

《嘉泰会稽志》第十三卷云："若耶溪旁草市，谓之平水。以地理考之，未为湖以前水不能留，有湖则水不亟去，津涯深广，故曰平水。"平水古镇就坐落在鉴湖三十六源之一的若耶溪上游。

若耶溪神秘而古老，其七十二支流由此向西北滚滚而逝，过龙舌，会禹陵，直达三江，成为鉴湖三十六源之一。古时若耶溪上可乘船到云门。坐船上游览两岸美景，乃绝妙的享受。《水经注》云："（若耶溪）水至清，照众山倒影，窥之如画。"宋代著名诗人曾巩曾以《南湖行》一诗描写若耶溪，生动地再现了诗人眼中若耶溪的秀丽风光：

> 东南溪水来何长，若耶清明宜靓妆。
> 南湖一吸三百里，古人已疑行镜里。
> 春风来吹不生波，秀壁如奁四边起。

蒲芽荇蔓自相依，踯躅夭桃开满枝。

求群白鸟映沙去，接翼黄鹂穿树飞。

山之雄，溪之秀，将半山半水之间的平水镇装点得如诗如画。

刘大白曾经在这溪流山脉之间度过了二十多年的岁月。

在这里，看云听水的生活对刘大白产生了很大的影响。不管后来走到哪里，他总忘不了这奇山妙水。若耶溪上的水声，秦望山头的云影，常常在他的脑海里响着、浮现着：

我的老家，是在作鉴湖三十六源之一的若耶溪的上游，作龙山正南面屏障的秦望山的南麓。我在这溪流山脉之间，曾经度过了二十多年看云听水的生活。因此，故乡的社会，故乡的城市，无论怎样使我厌恶，使我咒诅，甚至使我骇怕，而若耶溪上的水声，秦望山头的云影，总不免常常在十多年来漂泊他乡的我的梦痕中潺潺地溅着，冉冉地浮着。远客言归，佳邻访旧，自然跟这梦痕中萦绕着水侣云朋，"似曾相识倍相亲"，而且也只有这梦痕中萦绕着而超然于故乡社会，故乡城市之外的水侣云朋，能跟我"似曾相识倍相亲"了。

1921年6月，刘大白从杭州回故乡去，在船上瞭望故乡的山水，随口赋诗盛赞其美景（《〈龙山梦痕〉序》）：

（其一）

又向山阴道上行，

千岩万壑正相迎。

故乡多少佳山水，

不似西湖浪得名。

若耶水声

秦望山岚

（其二）

若耶溪水迎归客，

秦望山云认旧邻。

云水光中重洗眼，

似曾相识倍相亲。

若耶溪、会稽山奇绝优美的自然风景、深厚的文化底蕴、非凡的人文气韵，使诞生在这里的刘大白从小就受到浸润和滋养，培育着他的精神气韵，在他的个性心理上打下了深深的越文化烙印，为他的人生添上了底色，这与他后来成为新文化运动的主将，成为白话诗的倡导者和奠基人不无关系。

第二篇

历史名城

嶕岘大城：若耶溪畔的越国旧都

我国春秋时期有一百四十余座诸侯都城，我国历史上有二百二十多个古都，可是当绝大多数都城从地平线上消失，成为钻探、发掘、考古的对象时，唯有一城与苏州、曲阜、洛阳、太原、开封五城幸存至今。

这座建于公元前490年的古都，在会稽山北麓、钱塘江南岸，历时两千五百年岁月沧桑，而今与苏州一样仍然为一地之政治、经济、文化中心，在我国古都发展史乃至城市发展史上，都堪称奇迹。

在这古都，臣民上下一心，"十年生聚，十年教训"，以小博大，以弱胜强，实现了国家复兴计划，使原来偏居东南一隅的贫弱小国，一跃而成为春秋末期世人瞩目的大国，一举成为东南霸主。

这，就是绍兴古城，春秋时期的越国都城。

据《越绝书》等古籍记载，越王勾践兵败，栖居会稽山中两年有余，被迫向吴国求和，于公元前492年入吴称臣三载，于公元前490年被吴王释放回越国。勾践时刻不忘雪耻复国，采取了一系列强国富民的方针和改革措施，即众所周知的"十年生聚，十年教训"。其中最重要的一条，就是采纳范蠡的建议，先建立一个坚固的政治、军事和生产的指挥中心，在山会平原上重新建都立国。

范蠡接受勾践委托建造都城的命令之后，"乃观天文，拟法于紫宫"，经过了一番慎重考察，选择在山会平原上以九丘（今绍兴城内九座山丘）为中心营建都城。公元前490年越国建成勾践小城（即山阴小城）之后，又以勾践小城为依托在东边建起山阴大城，规模比小城大十倍左右。这就是现在的绍兴城。

作为越国政治、经济、文化、军事中心的古越城，对越国凝聚人心、成就霸业，起到了奠基石和根据地的作用。在这里，勾践实施了他的"十年生聚，十年教训"复兴计划，最后兴越灭吴，一举成为当时的东南霸主。

其实，从无余立国到勾践继位，一千五百年间，於越人长期居于会稽山腹地之中。

勤劳勇敢的越国人民在漫长的岁月里不畏艰辛，胼手胝足，建立聚落，改造环境，一步步地把越国的都城从山地迁到平原，其迁徙路径为山地都城（嶕岘）—山间盆地都城（埤中）—山麓冲积扇都城（平阳）—平原孤丘都城（勾践小城和山阴大城）。其中的两座故都即嶕岘、平阳，都建在今天的若耶溪畔。

於越人认无余为祖。唐李吉甫《元和郡县图志》载："夏少康封少子无余以奉禹祀，号曰於越，越国之称，始于兹矣。"无余作为侯国之主，得有个都城或聚落中心。学者认为，这个中心地的选择，在当时来说，必须至少符合两个条件：一是由于卷转虫海侵尚未完全退去，会稽山北麓还是一片浅海，聚落中心只能选择在地势较高的会稽山地丘陵；二是无余受封的主要任务是守陵和祭禹，因此聚落中心应该具备拜墓与祭祀近便的条件。最理想的位置，便是会稽山南、若耶溪旁后来被称为"嶕岘大城"的无余旧都。

　　关于无余旧都蟂岘，历代史书，特别是地方志书多有记载。如《越绝书》卷八载："无余初封大越，都秦余望南，千有余岁而至勾践。"又《吴越春秋》卷六载："勾践语范蠡曰：'先君无余，国在南山之阳，社稷宗庙在湖之南。'"此所谓"南山"，便是会稽山，与秦望山连在一起。地方志类的主要著作《水经注》卷四十载："山南有蟂岘，岘里有大城，越王无余之旧都也。"这些都说明无余时代越国已在会稽山南建立了都城。

　　那具体的蟂岘在哪里？

　　《水经注》对"蟂岘"有明确记载，若耶溪水"上承蟂岘麻溪，溪之下孤潭周数亩……麻潭下注若耶溪"，表明"蟂岘"就在若耶溪附近。其地貌特征，从"蟂岘"这一名称看，特指小而高的山岭。《水经注》云，"谢灵运与从弟惠连常游之（指若耶溪一带）"，有《从斤竹涧越岭溪行》为证。诗中"逶迤傍隈隩，迢递陟陉岘"句，《文选》李善注，"岘，山岭小高也"。这说明蟂岘比较具体的位置当在若耶溪畔的上塘、下塘一带。

　　从上塘、下塘这一带的地理环境看，四周环山，又有寒溪自西向东贯穿注入若耶溪，并最终流向大海，的确是建都的理想位置。

　　从地名信息遗存看，"塘"就是堤，是城郭建筑，既有地名遗存，又有旱堤遗迹作证，上塘、下塘极有可能是越国古都南、北城郭的遗址。此外，这一带采集到一批春秋战国时期的陶瓷片，而且经过对近年沿若耶溪发现的大规模越国贵族大型土墩墓群的全面调查，发现除印山一带有近十座墓葬以外，其余几乎全部分布在上塘、下塘一带，其中一座经推定，极有可能是越国早中期的王陵。

　　再从都城的功能看，蟂岘所在的秦望山巍峨挺拔，为连绵起伏的会稽山脉主峰之一。山呈东北—西南走向，海拔543.6米。自平地至山顶，悬磴孤危，径路险绝，需攀萝援葛，方才得至山上。因秦望险峻，敌不能仰攻，故可擐甲自卫。吴越战争时期，吴王入越，"越子以甲楯五千保于会稽"，此会稽即秦望山。这也是择嶕岘为都城的重要原因。

现代学者认为，嶕岘大城在今平水镇的上塘、下塘一带，可信度较高。

对无余旧都的聚落形态与规模，其他古籍少有涉及，而《吴越春秋》卷六有比较详尽的记载：

> 少康恐禹祭之绝祀，乃封其庶子于越，号曰无余。余始受封，人民山居，虽有鸟田之利，租贡才给宗庙祭祀之费。乃复随陵陆而耕种，或逐禽鹿而给食。无余质朴，不设宫室之饰，从民所居。春秋祠禹墓于会稽。

从记载中不难看出，处在会稽山南聚落初始阶段的越王无余，在迁徙农业兼狩猎业的生产力条件下，财税收入仅能维持宗庙祭祀费用而已，根本不可能营造大规模的都城和豪华宫室。"不设宫室之饰，从民所居"，显然是当时的真实情形。

地处秦望山南、若耶溪旁的无余旧都，在经历了大约十五个世纪后，才由越王勾践从山南迁往山北，即会稽山北麓的绍兴城。

促使勾践迁都固然有多种原因，其中的直接原因，就是那场几乎使越国灭国的吴越之战。

这场由勾践发动，败于夫椒，最后以余兵五千人退守会稽山，吴王夫差追而围之的战争，使越国古都被毁（史称"坠会稽"），损失十分惨重。用勾践自己的话说："吴为不道，残我社稷，夷吾宗庙，以为平

地，使不得血食。"（《吴越春秋·勾践伐吴外传第十》）所以当勾践
结束三年奴隶生活，回到越国后所做的第一件事，就是"定国立城"，
重建越国都城。虽然对战败的越国来说，实施战后重建的任务十分繁
重，但是勾践深知，医治国人的心理创伤更是刻不容缓。而重建越国都
城，对于重振国威、鼓舞士气、团结国人、消除国民的心理阴影，显然
是极为有效的措施。

越之无余旧都和勾践越城的每处断墙、每处废墟、每座宫殿、每座
园林，牵动的是从千年历史风雨里演绎出来的生存与死亡、悲壮与辉
煌、婉约与豪迈的故事。这些看似过去，又像今天的故事让人激动，让
人感奋，让人沉思。

美哉禹功，地平天成

"江淮河汉思明德，精一危微见道心。"

这一镌刻在大禹陵内的对联，形象精要地刻画出大禹治水在中国历史上的功绩。

大禹，这位中国历史上第一个信而有征的上古人物，是为数不多的影响和改变了中国历史走向的伟人之一。大禹对中华民族的历史性贡献，主要是做成了两件大事：一是开创了夏朝，二是治平了洪水。作为立国之祖，大禹在公元前21世纪长江、黄河流域万国林立、争夺混战之世，通过一系列战争征服天下，创造发展政治文化，建立起中国历史上的第一个王朝——夏朝，从而把中华民族带入文明时代；作为治水英雄，大禹在洪水泛滥、十年九涝、民不聊生之际，率民众疏江导河，治理水患，"居外十三年，过家门不敢入"，终于"地平天成"，使百姓安居，不愧为一位把中华民族从洪水浩劫中拯救出来的伟大领袖。

上古尧舜之时，"汤汤洪水方割，荡荡怀山襄陵，浩浩滔天"。面对深重的洪水灾害，人民苦不堪言。大禹之前的共工、玄明、太乙、鲧等都与洪水做过斗争，但收效甚微。大禹认真总结其父鲧等前辈治水的经验教训，摒弃"湮""障"等治水之法，采取疏导之策，制订出切合

大禹陵景区矗立的大禹铜像

实际的具体治水方法。

在治理洪水的艰苦岁月中，大禹"劳身焦思"，"薄衣食，致孝于鬼神，卑宫室，致费于沟淢"；"陆行乘车，水行乘船，泥行乘橇，山行乘檋"；"左准绳，右规矩，载四时"。意思是说，大禹为了完成治理洪水的伟大事业，吃的是粗茶淡饭，穿的是最破旧的衣服，住的是极简陋的房屋，把所有财物都用于治理洪水的事业上；在外奔波，为了赶时间，陆地上就赶车，水路就乘船，沼泽泥泞之地就乘橇；用左手确定平直，用右手测量长度，一年四季，都在为治理洪水而奔波劳碌。为了完成治理洪水的大业，他亲自拿着畚箕、铲子，冒着大风大雨，走在前面，带领着人民，疏江导河，前前后后一共跑了十三年，好几次从自己家门前经过，听见孩子在里面哇哇哭泣，都因为忙于治水没工夫进去看看。

栉风沐雨十三年，大禹终于带领民众消除了洪水之患，使百姓安居乐业。

早在夏、商、周三代，大禹在治水过程中表现出来的那种高尚的品格、远大的志向、非凡的才能、卓越的实践，就受到思想家的推崇、执政者的效法和人民群众的歌颂。尤其是先秦诸子，通过价值层面的重新判断、评估和诠释，完成了对大禹作为古代执政者楷模的塑造，使大禹精神超越了时空的界限，成为中华民族精神和优秀品德的精华，具有了永久的魅力。诚如著名历史学家范文澜所言：

许多古老民族都说远古曾有一次洪水，是不可抵抗的大天灾，独在黄炎族神话里说是洪水被禹治得"地平天成"了。这种克服自然、人定胜天的伟大精神，是禹治洪水神话的真实意义。（《中国通史》）

在大禹治水过程中，有许多神话传说提到大禹宛委得书。

大禹是一位深深记住其父治水沉痛教训的伟大英雄和贤人。据传，他"劳身焦思，以行七年。闻乐不听，过门不入，冠挂不顾，履遗不蹑。功未及成，愁然沉思"。为此，他去阅读《黄帝中经历》。书中说：在九山东南，有号曰宛委的天柱，上有炎帝所住的岩顶，磐石覆盖下，有一部青玉为字，编以白银的金简之书，书里将会告知你如何治水。禹按照这个指点，东巡探究，惜仍无所获，不禁登山仰天长啸。他的苦心孤诣感动了上苍。一位自称"玄夷苍水使者"的赤衣秀士在梦中跟他说："欲得我山神书者，斋于黄帝岩岳之下，三月庚子登山发石，金简之书存矣。"禹照此而做，三月后再登宛委山，终于取到金简之书，并且从此懂得了"通水之理"。

因为从金简之书中懂得了"通水之理"，所以大禹对绍兴独怀情愫，叹曰："其德彰彰若斯，岂可忘乎？"

大禹得金简之书的这座宛委山，就在被誉为中华"五镇"之一的"南镇"会稽山群山之中。自然地理概念上的会稽山脉地域很广，在微观层次上，会稽山由今天的大禹陵、香炉峰、阳明洞天及其东面若耶溪主段组成。宛委山东南接白鹤山，西南邻香炉峰，北依石帆山，东傍若耶溪。高处的朝门堂主峰海拔278.7米，低处的若耶溪以东农田海拔5.4米。

一方面，大禹得书宛委山的传说说明绍兴在大禹治水过程中的重要地位；另一方面，大禹懂得了"通水之理"，这个"理"其实是说明大禹汲取了父亲鲧治水失败的教训，在治水中运用了正确方法。

月光下的香炉峰

　　在实施疏导之策的过程中，大禹带领人们逢山开山，遇洼筑堤，把低地沼泽中自然形成的小水道挖掘得更加宽深，加速水流下泄，使原来的淤泥沼泽日渐干爽，便于种植，这就是孔子所说的"尽力于沟洫"，也即《国语》所说的"高高下下，疏川导滞，钟水丰物"。这"疏川导滞"的方法使洪水各循其轨道畅流无阻，最后归入大江大海，九州之内皆可宅居，使大环境形成良性循环。《吕氏春秋》中也说："禹通三江五湖，决伊阙，沟回陆，注之东海，因水之力也。"这"因水之力"，说的就是大禹治水顺其自然，因势利导，尊重自然规律而又求实创新。

　　禹治水所行经的地方，被称作"禹迹"。经过禹治理的地方变得文明，没得到禹治理的地方依然是野蛮世界，所以"禹迹"就成为文明之邦的代名词。因此可以说，禹治水的意义不只是战胜水灾，不只是疏导洪水，其中还包含着一系列整理疆土的伟业。到目前为止，能追溯到的中国大地上大范围的、一体化的人文地理格局形成的起点，就是以禹治水这件事为标志的。

　　大禹是为中华文明做出突出贡献的杰出人物，其精神为历代传颂、万民景仰，是越文化的核心组成部分，也成为中华民族精神的象征。

秦望山：秦始皇东巡登临地

古越大地，物华天宝，人杰地灵，一桥一山，一江一河，皆有来历，从一些景点、地方的命名，便可一窥流淌过的历史。比如，秦望山就是因秦始皇东巡登临而得名。

秦望山位于平水镇西南，土名"燕子岩头"，是若耶溪的一支流桃红溪的发源地，海拔543.6米，是会稽山秦望山脉的最高峰。

秦望山脚

　　"六王毕，四海一"之后不久，秦始皇三十七年（公元前210年），秦始皇巡狩南方，来到当时还叫"大越"的绍兴。司马迁在《史记·秦始皇本纪》中有详细记载："三十七年十月癸丑，始皇出游。左丞相斯从，右丞相去疾守。少子胡亥爱慕请从，上许之。十一月，行至云梦，望祀虞舜于九疑山。……上会稽，祭大禹，望于南海（今杭州湾），而立石刻颂秦德。"说的是秦始皇从东巡到会稽，祭大禹，再入若耶溪，登临秦望山，命丞相李斯撰铭文，颂秦德，并勒于石之事。"秦望"之名也因此而来。因为有《会稽刻石》，秦望山也称刻石山。

　　遥想两千两百多年前的那个初冬，龙车凤辇、万夫簇拥的一代霸主，于诸暨、大越一路逶迤而至会稽，祭禹之后，登临五百多米高的秦望山巅，远眺浩瀚的大海，俯视脚下新征服的领地，那种君临天下、舍我其谁的威严和雄仪，该是何等的气势。

　　也许天下为王者，除了指点江山的得意外，都有激扬文字的嗜好，登临秦望山的秦始皇同样如此。他命随行的丞相李斯，手书小篆，铭文刻石，以颂政德。秦望山因秦始皇的登临望海而成越中名山，也因李斯的铭文刻石文采、书艺双绝，而成为绍兴于兰亭之外的又一书法重地。

　　值得一提的是在重实用、黜文采、禁绝文学与学术的大背景下，"秦世不文"既是秦代的政治特征，也是其文学特征。但出自丞相李斯的《会稽刻石》一文却是一篇杰出的韵文，堪称秦代散文的代表作和珍贵的史料。

　　就内容而言，《会稽刻石》是对秦始皇统一天下和治理天下功德的称颂与赞美，故文中多制度语、法令语，可见当时政事习尚，证实了秦始皇移风易俗、宣传教化和"始定刑名，显陈旧章"的史实。

　　从文学角度看，《会稽刻石》一文篇章结构严谨，明洁精练。其四言韵文、三句一转韵的新创文体，节律自然，典雅庄重，敷陈直叙，具有赋化的倾向。特别是此文风格浑朴古质，清峻峭悍，气度恢宏，铺张夸饰，透出雄视天下的帝王气魄，堪称大手笔。刘勰在《文心雕龙·封禅》一篇中对李斯铭文有极精当的评价。他指出："秦皇铭岱，文自李斯。法家辞气，体乏弘润。然疏而能壮，亦彼时之绝采也。"《会稽刻石》一文向为后世所推重，《古文观止》将此文收录其中。

秦望山留下了许多文人墨客的踪迹，更留下了流传千古的诗文以及各种动人的传说，文化历史积蕴深厚。

当然，有过一代霸主登临的秦望山，无论对自身还是对绍兴，都是一种值得依仗的机杼和乖巧。尤其是唐朝一代，罗隐、李邕、萧翼、薛据、皎然、白居易、孟浩然、陆亘、方干等众多骚人墨客，登临秦望并留下锦绣诗篇，想来大概与这种机杼和乖巧不无关联吧。

不过，秦望山即使没有秦始皇的登临和李斯的铭文刻石，在会稽群山中也是独傲的。

绍兴有民谣"香炉总算高，不及秦望一层腰"，足可说明秦望山的雄伟。海拔543.6米的秦望山是会稽法华、兰渚、香炉、云门、宛委等众山的最高峰。"悬磴孤危，径路险绝。《记》云：扳萝扪葛，然后能升。山上无甚高木，当由地迥多风所致。"郦道元《水经注·渐江水》中寥寥数笔的记载，将秦望山陡峭险艰的风光和山腰树木葱茏，山顶只有裸岩、灌丛的独特气象和体貌摹写得纤毫毕现。

在唐朝诗人萧翼的眼里，云蒸霞蔚，气吞碧湖，势入东溟的秦望，无疑是一座"无限风光在险峰"的仙山：

> 绝顶高峰路不分，岚烟长锁绿苔纹。
>
> 猕猴推落临崖石，打破下方遮日云。

明代大思想家王阳明的《登秦望山》也写尽了秦望山之雄奇、峻拔：

> 秦望独出万山雄，萦纡鸟道盘苍空。
>
> 飞泉百道泻碧玉，翠壁千仞削古铜。

挺拔巍峨的山势，众峰之杰的雄峻，使秦望山成为俯瞰越中胜景的最佳所在。南眺平水江，山水相依，峰谷连绵；北望众村庄，各偏一隅，阡陌纵横。无论远观近望，风景都是一样的迷人。

秦望山，散发着历史的幽香，又以风景独特而闻名。

【延伸阅读】

会稽刻石

李斯

皇帝休烈，平一宇内，德惠攸长。卅有七年，亲巡天下，周览远方。遂登会稽，宣省习俗，黔首斋庄。群臣诵功，本原事迹，追首高明。秦圣临国，始定刑名，显陈旧章。初平法式，审别职任，以立恒常。六王专倍，贪戾傲猛，率众自强。暴虐恣行，负力而骄，数动甲兵。阴通间使，以事合从，行为辟方。内饰诈谋，外来侵边，遂起祸殃。义威诛之，殄熄暴悖，乱贼灭亡。圣德广密，六合之中，被泽无疆。皇帝并宇，兼听万事，远近毕清。运理群物，考验事实，各载其名。贵贱并通，善否陈前，靡有隐情。饰省宣义，有子而嫁，倍死不贞。防隔内外，禁止淫泆，男女洁诚。夫为寄豭，杀之无罪，男秉义程。妻为逃嫁，子不得母，咸化廉清。大治濯俗，天下承风，蒙被休经。皆遵度轨，和安敦勉，莫不顺令。黔首修洁，人乐同则，嘉保太平。后敬奉法，常治无极，舆舟不倾。从臣诵烈，请刻此石，光垂休铭。

若耶溪畔铸就的独步天下的越剑

　　距今约二十五个世纪前，古越人曾演绎过中国历史上一出生动的传奇剧。春秋时期，吴越交锋。越王勾践战败于吴王夫差而委曲求和，亲自为吴王夫差做了三年奴仆后才被放回国。为报仇雪耻，勾践"置胆于坐，坐卧即仰胆，饮食亦尝胆也"。历经二十年磨砺，越国一举灭吴，使原来偏居东南一隅的贫弱小国，一跃而成为世人瞩目的大国、强国，书写了古越大地的辉煌篇章。越王勾践也成为中华优秀传统精神中坚忍不拔、发愤图强的光辉典范。

　　除了演绎这生动的历史传奇之外，在中国历史上，越国还铸造出独步天下的越剑。

　　早在春秋时期，我国的青铜冶炼技术就已经相当发达。不过有趣的是，当时最精良的剑并不是出产于中原，反倒出产于时人认为偏僻的吴、越等地，所谓"吴钩越剑"是也。其中缘由是春秋时期，诸侯国之间纷争不断，动辄兵戎相见。为了生存、发展乃至争夺霸权，各国都致力于提高军队战斗力，为士兵铸造更优质的武器。其中，北方的齐、晋等国流行车战，主要使用戈、戟、矛等长兵器，剑在战斗中发挥的作用不大。而位于长江中下游的楚、吴、越三国则不同。因为南方河流众多，水网密布，这三个国家的部队以擅长水陆两栖作战的步兵为主。步兵近距离拼杀搏斗，谁手中的剑更锋利，谁的胜算就更大。《汉书·地理志下》记载："吴、粤（越）之君皆好勇，故其民至今好用剑，轻死易发。"因此，这几个国家都不惜血本招揽能工巧匠，大力发展铸剑技术。而越剑，可以说是当时也是中国历史上最为著名的。

据《越绝书·越绝外传记宝剑第十三》记载，著名宝剑鉴赏家薛烛对越王勾践的"纯钧"宝剑之神奇曾如此评论："手振拂扬，其华捽如芙蓉始出。观其钣，烂如列星之行；观其光，浑浑如水之溢于溏；观其断，岩岩如琐石；观其才，焕焕如冰释。……虽复倾城量金，珠玉竭河，犹不能得此一物。"《庄子·刻意篇》也云："夫有於越之剑者，柙而藏之，不敢用也，宝之至也。"其声价之重自不待言。

记载也好，传说也好，毕竟"耳闻是虚"。1965年的一次考古发现，让人们实实在在地领略了越国之剑的不同凡响。

1965年12月，在湖北省江陵县望山的一座楚国贵族墓中，出土了一把青铜宝剑。这把剑长55.7厘米，柄长8.4厘米，剑宽4.6厘米，剑首外翻卷成圆箍形，内铸有间隔只有0.2毫米的十一道同心圆，剑身两面满饰双线交叉的黑色菱格纹，结点为菱形大星，纹饰全部内凹于剑体表面。剑格正面嵌蓝色琉璃，背面用十五颗绿松石嵌成花纹，剑身一侧近格处有两行八字的鸟篆铭文——"越王鸠浅（勾践的通假），自乍（作）用剑"。此剑属青铜剑，制作极其精美，剑闪寒光，锋利无比。剑身上的两行鸟篆铭文透露了剑的主人。该剑的出土曾在国内外引起巨大轰动。

这把剑仅仅是越国之剑的一个代表。据绍兴文理学院越文化研究院孟文镛教授的搜集、整理与研究，到目前为止，已发现剑身上有铭文的越王剑五十七件。如此众多的越王剑重现于世，表明越国铸剑技艺的高超绝不是偶然的。

2010年，在庆祝绍兴建城两千五百年之际，历经沧桑的稀世珍宝越王勾践剑与勾践父亲允常的兵器——越王得居戈，勾践儿子鼫与的佩剑——越王者旨於赐剑，勾践曾孙的佩剑——越王州句剑，勾践玄孙翳的佩剑——越王不光剑，一并在绍兴展出，五剑（戈）归故里，首次共聚首，成为绍兴的一大盛事。

二十五个世纪前的越剑，至今出鞘时剑身仍色泽紫黄鲜润，寒光闪闪，毫无锈蚀，且锋利如初，一挥之下能轻松划破二十张纸，堪称"天下第一剑"。

越剑为何如此神奇？越国的铸剑水平为何如此高超？

专家对越剑进行现代科学的实验与分析后发现，当时越国的铸剑师已经精确地掌握了铜、锡的配比，熟练地掌握了剑的防锈工艺、熔模铸造工艺等其他铸剑工艺，才使得越国之剑独步天下。越国的铸剑师知道锡加到铜中，形成铜锡合金，可以增强金属的硬度，但是，作为兵器，太硬又容易折断，特别是剑这样较短的兵器，必须做到既坚硬锋利，又坚韧不折，这就需要铜与锡的配比恰到好处。而且，铸剑师在制作剑的各个部位时，还有意识地加以不同处理，使用不同配比的铜锡合金，使之达到不同的效果，如剑脊含铜较多，能使剑韧性好，不易折断，而刃部则含锡高，硬度大，使剑非常锋利。不同成分的配比在同一把剑上又是怎样铸成的呢？专家们研究后认为是采用了复合金属工艺，即两次浇铸使之复合成一体。这种复合金属工艺，即使在西方发达国家也是到近代才开始使用，而越国的铸剑师们在两千多年前就采用了。这堪称中国古代科技史上的一项重大成果。

若耶溪

　　据史书记载，越剑大多在会稽山下的若耶溪畔铸造。

　　由平水镇沿若耶溪北行六七里，有名为铸铺岙的地方，相传是铸剑大师欧冶子为越王铸剑之地。至今平水镇仍有"三灶"的地名，即上灶、中灶和下灶，位于若耶溪东面，"三灶"从南到北依次铺排，成扇面形与铸铺岙隔溪相望，相传是欧冶子铸剑时的设灶之处。其南有日铸岭。宋吴处厚云，昔欧冶子铸剑，"他处不成，至此一日铸成"，故名"日铸岭"。日铸岭峰峦如聚，那崇山峻岭中奔腾而下的山泉，含有丰富的矿物质，最适宜完成炼剑最后的淬火工序，因而确保了铸剑水平。

据《越绝书·越绝外传记宝剑第十三》载："昔者，越王勾践有宝剑五，闻于天下。"越王让欧冶子为自己铸剑，欧冶子带着妻子朱氏和女儿莫邪，来到了位于今绍兴市平水镇一带的若耶溪畔赤堇山。在这里，他发现了铸剑所需的铜与锡。他在若耶溪畔住下后，辟地设炉，用了三年的时间，终于炼成了锋芒盖世的五把宝剑，分别叫湛卢、纯钧、胜邪、鱼肠、巨阙。五剑齐出，五色毕现。他所铸的宝剑"泰阿"，更是"巍巍翼翼，如流水之波"，是越剑中的极品。由此还产生了"倒持泰阿"这个成语，被用来表达不可轻易授人以柄之意。

《越绝书》中有不少有关铸剑的描写，其中对欧冶子铸造的"纯钧"宝剑的神奇情状的描写前文已有提及。而欧冶子铸"纯钧"的场面和过程更是极富传奇色彩："当造此剑之时，赤堇之山，破而出锡；若耶之溪，涸而出铜；雨师扫洒，雷公击橐；蛟龙捧炉，天帝装炭；太一下观，天精下之。欧冶乃因天之精神，悉其伎巧，造为大刑三、小刑二：一曰湛卢，二曰纯钧，三曰胜邪，四曰鱼肠，五曰巨阙。"至于列在五名剑之首的湛卢剑，其锋芒盖世，后世描写其炼成时"精光贯天，日月争耀，星斗避彩，鬼神悲号"。

欧冶子连同莫邪铸剑的故事传说，因其内容之神奇而影响深远，魏晋小说《列异传》《搜神记》，明代冯梦龙的《东周列国志》中都有篇目取材于此。及至现代，鲁迅也以此为题材写成著名的历史小说《铸剑》，其情节堪称惊心动魄。

"苦心人，天不负，卧薪尝胆，三千越甲可吞吴。"越剑因为附着了深厚的文化底蕴而具备浓重的象征意义，尤其是勾践卧薪尝胆、发愤图强的精神，一直激励着中华民族不断进取。

七十八寺此为古，三十六溪此为名

蝉噪林逾静，鸟鸣山更幽。

秀气渐分秦望岭，寒声犹入若耶溪。

魏晋南北朝以降，佛、道两教名家被林泉秀美、环境清幽的若耶溪景色吸引，多在若耶溪畔隐居修行，立寺传经。当时这里的名寺宝刹众多，道教的大小洞天福地遍布，若耶溪畔成为佛道中心而名隆天下。

先说道教。

道教是中国土生土长的宗教。道教诞生前后，道家在绍兴境内的活动十分频繁，如梅福、干吉（《三国志》及小说《三国演义》中作"于吉"）、魏伯阳等人，而若耶溪畔曾是我国古代道教的重要活动之地，被誉为当时的道教中心。

道教向有"十大洞天""三十六小洞天""七十二福地"之谓。为了满足各阶层修道者的需要，道教在虚构的天界仙境之外，将世间的许多名山作为奉道者修仙的洞府，称作洞天福地。道书称："十大洞天"处于大地名山之间，由上天遣群仙统治；"三十六小洞天"在诸名山之中，也是上仙统治之处；"七十二福地"在大地名山之间，由上仙命真人治理，福地多为证仙得道之所。魏晋南北朝以来，会稽山为道教三十六小洞天的第十一洞天，后世称阳明洞天，若耶溪则列道教第十七福地。

三国时期，有一位来自丹阳（今属江苏）的名道葛玄仙游到若耶溪畔。葛玄，字孝先，丹阳句容人，道教灵宝派祖师，被尊称为葛天师，道教尊为葛仙翁，又称太极仙翁，与张道陵、许逊、萨守坚共为四大天师。葛玄至会稽后，游历诸山水，又沿若耶溪而上，至若耶山，山下有潭，名"麻潭"，又名"孤潭"。潭上有石，相传葛玄曾学道炼丹于此，或说其投竿坐憩于此石，故名"葛仙石"。他也曾种茶华顶，留下了许多仙迹和传说。旧经云："葛玄所隐桐几化成白鹿，三足共行，两头各更食。"传说此地有葛玄的茶园"茗园"（又称"仙翁茶园"）。又传说葛玄于若耶山升仙，所服白桐化为两头鹿，一头食草，一头望人，此即今东、西化鹿山名称之由来。东化鹿山的黄龙峰下旧有道观即平阳道观，至明初，道士甚众。

《抱朴子》的作者葛洪，其父葛悌曾拜会稽太守，是东晋时期著名的道教领袖，也是一位从事炼丹和医疗活动的医学家。葛洪的丹书《抱朴子·内篇》具体地描写了炼制金银丹药等方面的化学知识，也介绍了许多物质性质和物质变化，把道教"丹鼎派"发展到一个新的水平，同时也为道教日后的发展构建了一个比较完整的理论体系。据传，葛洪追随他的叔祖葛玄也来绍兴仙游，曾先后在宛委山、云门山等地学道炼丹。

上清派是魏晋南北朝时期江东地区最有影响力的道家流派。东晋名士许谧之子许翙，久居会稽禹井山（今宛委山），遵循家法，传授经书，为上清派第四代传人，他与其父是发展和传播上清经系的重要人物。东晋时期的王羲之、王献之等，都在若耶溪流域开辟道场，寻仙炼丹，宣扬道教。

　　南朝宋齐间，孔灵产事道精笃，颇解星文，好术数，在禹井山葛玄炼丹、许魁讲经处建怀仙馆（即后来的龙瑞宫）。

　　南朝齐梁间，上清派的重要代表人物、著名的医药家、炼丹家、文学家，人称"山中宰相"的陶弘景也曾在若耶溪畔云门山隐居修行，其隐居修行地由此而得名"陶宴岭"。陶弘景《答谢中书书》中说："山川之美，古来共谈。高峰入云，清流见底。两岸石壁，五色交辉。青林翠竹，四时俱备。晓雾将歇，猿鸟乱鸣；夕日欲颓，沉鳞竞跃。实是欲界之仙都。自康乐以来，未复有能与其奇者。"或描写的正是此山。元初诗人林景熙有《陶山十咏和邓牧心·陶宴岭》诗咏其人其事："笑拂青萝问隐君，千岩秋色此平分。当时宴坐无人识，唯有松风共白云。"

　　这些道教名家的活动在若耶溪畔留下了许多传说和遗迹。如相传为晋葛玄炼丹之所的葛仙丹井、相传为葛玄（或曰葛洪）垂钓处的仙公钓矶、相传为葛洪所遗的研朱石、相传为唐代道士苗龙得道仙去之地的苗龙上升台等。

诸葛山炼丹台遗址

陶宴岭景区指示牌

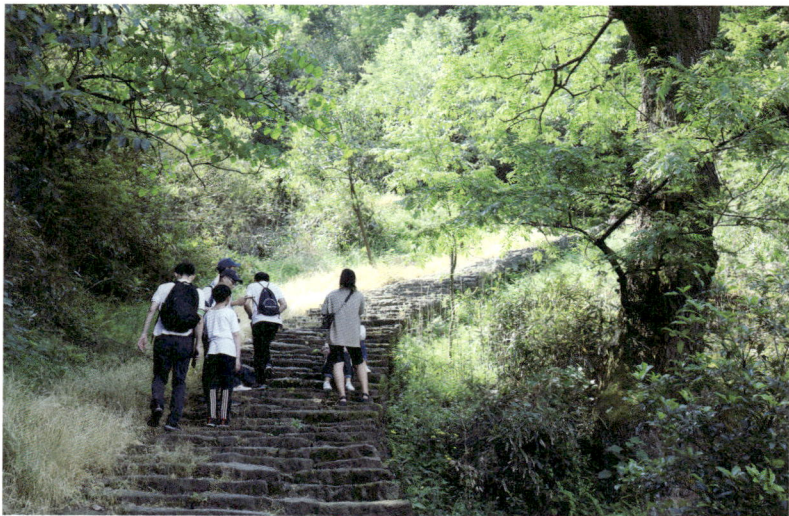

游客在陶宴岭古道上

再说佛教。

东汉末年以来，继道教兴起后，佛教传入，赢得了各阶层人士的信仰，立寺传经、取经成为当时佛家的一项重要内容。

若耶溪一带之幽胜，合乎立寺传经的环境条件，成为众多高僧云游止息之地。如，若耶溪畔的法华山有十峰：一法华，二衣盂，三积翠，四朝阳，五云门，六倚秦，七天女，八啸猿，九起云，十月岭。十峰高耸，双涧澄澈，又有两条溪水流经其间，冬夏不竭，是一个十分幽雅的所在。唐诗人李绅有诗描述："十峰排碧落，双涧合清涟。"晋义熙十三年（417），高僧昙翼在此结庵，诵《法华经》，多灵异。时会稽内史孟𫖮请置法华寺。至梁，惠举禅师亦隐此山，武帝征之不至。内有紫坛十二面观音及梁昭明太子所遗金缕木兰袈裟、红银澡瓶、红琉玻钵等珍品。唐诗人李邕在此游赏以后题写《秦望山法华寺碑》，指出法华山"其峰五莲，其溪双带，气象灵胜，林壑虚闲"的特色。

东晋南朝至隋唐时期，若耶溪畔成为高僧名道隐逸之佳处、文人骚客游吟之胜地，并使境内一些寺院闻名于海内外。诸如昌原寺、云门寺、嘉祥寺、重华寺、日铸寺、大阐寺、灵峰寺、平阳寺等。当地有一座亭子，其柱子上有一副对联写道："七十八寺此为古，三十六溪此为名。"上联是对这里寺庙众多、佛教文化发达的揭示。在这众多的寺庙中，最著名的莫过于云门寺、嘉祥寺。

"越山千万云门绝。"云门山北倚秦望山，南对陶宴等山，旁有刺涪山、何山，如列屏障，向来为越中幽胜之地。云门山因诏建云门寺而得名。云门寺原为晋中书令王献之的居所。传说某夜，王献之后人见其屋顶忽然出现五彩祥云，晋安帝得知便下诏赐号将其改建为"云门寺"，门前石桥改名"五云桥"。此寺后毁废。唐宣宗大中六年

（852）浙东观察使李褒奏请重建，号大中拯迷寺。至宋，分为广孝、显圣、雍熙、普济、明觉、云门六寺。其寺之规模，陆游在《云门寺寿圣院记》中有过描述："云门寺自晋唐以来名天下。父老言昔盛时，缭山并溪，楼塔重复，依岩跨壑，金碧飞踊。居之者忘老，寓之者忘归。游观者累日乃遍，往往迷不得出。虽寺中人，或旬月不相觏也。"于此可以看出当年之盛况。

云门寺在我国佛教史上声名显赫，曾在中国佛教史上占有极为重要的地位。历任住持皆系当时著名僧人，如首任住持帛道猷为东晋一代名僧。随后相继者还有法旷、竺道壹、支遁、昙壹、弘明、弘瑜、智永、智果、圆信、湛然、重曜、净挺、辨才、允若、具德礼等，皆是一代高僧。尤其是支遁，他提出"即色空"学说，对中国佛教的发展产生过很大的影响。历代帝王也多看重云门寺，如南朝梁武帝、唐太宗、吴越王、宋太祖、宋太宗、宋高宗、清世祖、清圣祖、清高宗等皇帝或赐名题额，或树碑建塔，或给予各种赏赐。

东晋永和年间，高僧帛道猷在若耶山驻锡。帛道猷，山阴人，常游弋于若耶山水之中，"纵心孔释之书，触兴为诗，陵峰采药，服饵蠲痾，乐有余也。"他曾作"连峰数十里，修竹带平津"诗，竟将远在虎丘的姑苏高僧竺道壹招引至若耶山。当时的会稽太守王荟为留住竺道壹，就在若耶山旁建嘉祥寺，请道壹为住持。隋朝初年，祖籍安息国的高僧、三论宗创始人吉藏居嘉祥寺十五载，宣讲三论，以至"禹穴成市，问道千余"，"独擅浙东"，人称嘉祥大师。由他创立的"三论宗"，是中国佛教八大宗之一，曾流播日本，日本的僧人在此基础上创立"成实宗"。

兰亭景区天章寺

雨中龙华寺

山不在高，有仙则名；水不在深，有龙则灵。

林泉秀美、环境清幽的若耶溪畔名寺宝刹众多，道教的大小洞天福地遍布，因此除佛道人士之外，名士来游者亦多。梁代时，何胤曾"居若耶山云门寺"，僧洪偃曾驻足于此，写下一首有名的《云门寺》诗。六朝宋时，谢灵运与族弟谢惠连联句，刻于孤潭树侧。到唐代，萧翼受唐太宗委派，专程来云门寺，从辨才手中赚取真本《兰亭集序》；王勃在王子敬山亭修禊，写下《修禊云门献之山亭序》；杜甫畅游后，发出"若耶溪，云门寺，吾独胡为在泥滓，青鞋布袜从此始"的浩叹。唐朝的李白、王维、刘长卿、宋之问、柳宗元、白居易、元稹、独孤及，宋代的苏轼、范仲淹、陆游，元代的王冕、杨维桢，明代的刘基、徐渭、张元忭、刘宗周，清代的毛奇龄到近现代的马一浮，历代数百位诗人均来此欣赏美景，留下了无数千古绝唱。

江南绍兴，古越会稽，若耶溪畔，云门禅音，嘉祥祖庭，堪称中国名僧名道和历代文人雅士向往和追寻的圣途。

诗情画意若耶溪：唐诗之路中心地

　　绍兴有一条古老、神秘又充满诗情画意的溪流——若耶溪。

　　"若耶"两字起源古老，其原本的意义已难确知，研究绍兴地方文化的有关著作将其解释为古越音，因以汉字音译，才写作"若耶"，大概只是古越人土语中的语气词，或许还带点指代的意义。《上善之水：绍兴水文化》一书指出，在越地的水名中，唯一以古越语命名的就是若耶溪。有人专撰《若耶考》探究"若耶"的含义，认为其义有三种，但总的来说，"若耶"是在表达对这条溪流的赞叹。

　　别看只是一条溪，千百年来，若耶溪向以清幽秀美而名天下，故有"犹闻可怜处，更在若耶溪"之赞叹。

　　据历代方志记载，若耶溪发源于绍兴古城东南四十余里的若耶山。它穿行于会稽山脉中，有龙头岗、鹅鼻山、秦望山、何山、赤堇山、香炉峰等名山耸立左右，青峰竞秀，泉壑争流。若耶山下有一深潭，据说就是郦道元《水经注》中的"麻潭"，又名"孤潭"。此地"环山千叠，澄渊无底，清光翠色，上下相照，迥然不类于人境"。若耶溪就是由此穿过千山万壑，流经云门山、平水镇、铸铺岙、灵汜桥，北入鉴湖，成为鉴湖三十六水源之最大水源。

若耶溪畔青山叠翠，深远、幽静、清凉，一脉秀水逶迤，像一条碧罗带从会稽山间一直飘到绍兴城下。恰如明代名士张元忭描述的这般："吾越岩壑之胜甲天下，鼓棹而出游，远近数十里之内，其为奇峰、邃谷、怪石、好泉者信步皆是。"若耶溪自古以来就是绍兴山水风光中最为秀丽的一条溪流。

古时的若耶溪上可行大船到云门山。坐在船上，浏览两岸美景，乃绝妙的享受。《水经注》云："（若耶溪）水至清，照众山倒影，窥之如画。"东汉永元十四年（102），著名水利专家马棱到会稽任太守，在若耶溪上主持建造了一座高坎中型滞洪水库——回涌湖，为若耶溪增添了景色。自此，若耶溪一带不但崇山峻岭为人称奇，山间寺庵道观林立，而且湖光山色相映，其间充满猿鸣鸟唱之清幽，由此成为当时最著名的游览胜地之一。唐代诗人綦毋潜《春泛若耶溪》描述其泛舟所见之若耶溪山川映发，风景如画的美景：

幽意无断绝，此去随所偶。

晚风吹行舟，花路入溪口。

际夜转西壑，隔山望南斗。

潭烟飞溶溶，林月低向后。

生事且弥漫，愿为持竿叟。

宋代著名文学家曾巩也曾以《南湖行》一诗描写若耶溪，生动地再现了诗人眼中若耶溪的秀丽风光：

东南溪水来何长，若耶清明宜靓妆。

南湖一吸三百里，古人已疑行镜里。

春风来吹不生波，秀壁如奁四边起。

　　蒲芽荇蔓自相依，踯躅夭桃开满枝。

　　求群白鸟映沙去，接翼黄鹂穿树飞。

　　若耶溪奔流到平水镇，水势开始变得平缓，两岸田畴平展。若耶溪此段昔日盛产莲藕，至今还有"藕田头"的地名，越女若耶采莲曾为古代越地著名风情，也构成中国古代诗歌中的一个常见题材——"越女采莲"。历代著名诗人多有对这幅江南风情画卷的动人吟咏，如唐代大诗人李白有《越女词》二首极写采莲女的情状：

　　（其一）

　　耶溪采莲女，见客棹歌回。

　　笑入荷花去，佯羞不出来。

　　（其二）

　　镜湖水如月，耶溪女似雪。

　　新妆荡新波，光景两奇绝。

　　如此山川映发、风景如画的若耶溪，自东晋以来，吸引了无数文人墨客前来游览探胜，及至唐，竟成为浙东"唐诗之路"上的一个中心点。

　　浙东"唐诗之路"的起点在哪里？终点在何方？途中有哪些名山大川？唐代大诗人李白在《送王屋山人魏万还王屋》一诗中给后世列出了一条清晰的路线图：

　　王屋山人魏万，云自嵩、宋沿吴相访，数千里不遇。乘兴游台、越，经永嘉，观谢公石门。后于广陵相见，美其爱文好古，浪迹方外，因述其行而赠是诗。

仙人东方生，浩荡弄云海。沛然乘天游，独往失所在。
魏侯继大名，本家聊摄城。卷舒入元化，迹与古贤并。
十三弄文史，挥笔如振绮。辩折田巴生，心齐鲁连子。
西涉清洛源，颇惊人世喧。采秀卧王屋，因窥洞天门。
揭来游嵩峰，羽客何双双。朝携月光子，暮宿玉女窗。
鬼谷上窈窕，龙潭下奔漉。东浮汴河水，访我三千里。
逸兴满吴云，飘飘浙江汜。挥手杭越间，樟亭望潮还。
涛卷海门石，云横天际山。白马走素车，雷奔骇心颜。
遥闻会稽美，且度耶溪水。万壑与千岩，峥嵘镜湖里。
秀色不可名，清辉满江城。人游月边去，舟在空中行。
此中久延伫，入剡寻王许。笑读曹娥碑，沉吟黄绢语。
天台连四明，日入向国清。五峰转月色，百里行松声。
灵溪恣沿越，华顶殊超忽。石梁横青天，侧足履半月。
忽然思永嘉，不惮海路赊。挂席历海峤，回瞻赤城霞。
赤城渐微没，孤屿前峣兀。水续万古流，亭空千霜月。
缙云川谷难，石门最可观。瀑布挂北斗，莫穷此水端。
喷壁洒素雪，空濛生昼寒。却思恶溪去，宁惧恶溪恶。
咆哮七十滩，水石相喷薄。路创李北海，岩开谢康乐。
松风和猿声，搜索连洞壑。径出梅花桥，双溪纳归潮。
落帆金华岸，赤松若可招。沈约八咏楼，城西孤岧峣，
岧峣四荒外，旷望群川会。云卷天地开，波连浙西大。
乱流新安口，北指严光濑。钓台碧云中，邈与苍岭对。
稍稍来吴都，裴回上姑苏。烟绵横九疑，漭荡见五湖。
目极心更远，悲歌但长吁。回桡楚江滨，挥策扬子津。

身著日本表，昂藏出风尘。五月造我语，知非伧儇人。

相逢乐无限，水石日在眼。徒干五诸侯，不致百金产。

吾友扬子云，弦歌播清芬。虽为江宁宰，好与山公群。

乘兴但一行，且知我爱君。君来几何时，仙台应有期。

东窗绿玉树，定长三五枝。至今天坛人，当笑尔归迟。

我苦惜远别，茫然使心悲。黄河若不断，白首长相思。

　　具体说来，李白列出的路线图如下：由杭州渡钱塘江，至西陵（今西兴），入浙东运河至越州（今绍兴）；过若耶溪，泛舟镜湖（今称鉴湖）后，再经曹娥江，入剡溪（今嵊州），上天台；历游赤城、华顶、石梁、国清寺后，再入丰溪，至临海；转入灵江，经黄岩，历温峤，至永嘉，访孤屿；再沿瓯江上溯，观青田石门，再溯好溪，至缙云；然后，由梅花桥翻山，入双溪，下武义江，至金华；上八咏楼后，入兰溪江，至新安江口，转入富春江，诣严光濑；最后顺流而下，再入钱塘江，前往吴都。绕了一个大圈，全在浙东范围内，其山水形胜，饱览无余。

　　据专家考证，《全唐诗》收录的两千两百余位作者中，至少有四百位诗人曾徜徉于这条浙东"唐诗之路"上，留下了一千余首诗。他们或从西安、洛阳舟车南下，或自岷江、峨眉山沿江东流，前来览胜探幽，登临怀古，吟咏风物，于其间流连忘返。

　　而若耶溪，则成为浙东"唐诗之路"的中心集散地，有数百位诗人名家在若耶溪留下了现留存于世的三百余首华丽篇章，占整条"唐诗之路"上留下诗篇的近三成。

　　为什么是在浙东？为什么是在若耶溪？为什么在如此长的时间段内，在相对封闭的空间中，能汇集那么多的诗人前来寻访探幽，行吟

云横天际山

歌咏？这既有历史的偶然性，浙东地理的特殊性，也有传统文人之间同气相求、互相应和的吸引力。

首先，就历史的偶然性而言，由于历史上中原人士迁徙南下，此地集聚了大批文人学士。已故词学专家吴熊和先生认为，西晋沦亡之后，南渡的中原大族纷纷定居浙东。他们同气相求，避世隐居，寄情山水，吟诗作赋。东晋丞相谢安就以高卧于上虞驰名。孙绰、王羲之、支遁、谢灵运等名流，也先后会聚绍兴。魏晋南朝那些白衣飘飘、峨冠博带的名士，在这里品茗饮酒，联唱赋诗，"仰观宇宙之大，俯察品类之盛"，形成一种和煦浓厚的人文氛围。

　　其次，因为浙东有异于其他地方的如画美景。浙东一带的地理向来以山川钟秀、水网纵横交错为特色。出门可见江、河、湖、海、溪、塘，触目皆是丘、石、陵、岩、峰、峦；还有不可胜数的桥梁、水榭、凉亭、楼阁、寺庙、道观。水行可弄棹，可泛舟，可扬帆；陆行可徒步，可坐轿，可骑驴。大自然蕴藏的山水之美，正和当时从战乱中恢复过来的人们希望回归自然、超越污浊社会的心态相契合。《世说新语·言语》篇记王子敬（王献之）说："从山阴道上行，山川自相映发，使人应接不暇。若秋冬之际，尤难为怀。"大画家顾恺之从会稽归来，别人问他山川之美，顾恺之答："千岩竞秀，万壑争流，草木蒙笼其上，若云兴霞蔚。"

　　再次，更使文人感兴趣的是若耶溪一带所具有的历史文化积淀。若耶溪的源头在越国最初的国都嶕岘附近，流经之处与越国第一次迁都的位置距离不远，这里正是於越部族的发祥之地。主导春秋越国的核心力量——於越部族，便是沿着若耶溪从会稽山腹地的深山老林中走出来的。因此溪边有不少古越遗迹和传说：传说大禹在此得金简之书而治平水患；西施在溪上浣过纱、采过莲；欧冶子铸剑，即在溪边；勾践之父的墓葬，亦在附近；宛委山、射的山依旧深藏古越文化；秦始皇曾在秦望山上驻足远眺，李斯亲书的碑文隐约可见；葛玄学道垂钓，留有憩石；汉太尉郑弘年少时"若耶樵风"的传说至今犹在传颂；若耶溪流经的云门寺，有献之山亭、献之笔仓、智永退笔冢、辨才香阁，晋代至唐代是东南大刹；还有贺知章《龙瑞宫记》石刻；等等。诸如此类的历史文化遗迹随处可见，信步可求，诗人来此寻访探幽，既可遁入山林，吟咏风月；也可凭吊思古，登临抒怀；有兴趣的还可隐入寺院或道观，与上人或道士切磋玄学，探讨佛理。

　　李白在《送友人寻越中山水》一诗中，也对为什么是在浙东，为什么是在若耶溪，为什么在如此长的时间段内、在相对封闭的空间中，能汇集那么多的诗人前来寻访探幽、行吟歌咏的问题，做了诗意的解答：

闻道稽山去，偏宜谢客才。
千岩泉洒落，万壑树萦回。
东海横秦望，西陵绕越台。
湖清霜镜晓，涛白雪山来。

窥见若耶

八月枚乘笔，三吴张翰杯。

此中多逸兴，早晚向天台。

诗人写此诗的初衷是撩拨友人前来越中一游，故没有花太多笔墨做详细介绍，而像一个现代导游，将游客带到景点门口，稍加点拨，即任其自由寻访。首句点出了越地与谢灵运的因缘。谢氏生于会稽，出生后即被送入钱塘一道家寄养，故名谢客。诗人借此暗示友人有着与谢氏同样的诗才，大可来越地展示一番。接下来几句，虚实结合，对仗工整，要言不烦，且特别点出了越中山水和人文的精华。最后两句引经据典，诚邀友人放弃世俗功名心，赶紧前来与自己同游。全诗写得既简洁流畅，又情深意切，尽显青莲居士本色。

唐代那些文人墨客在若耶溪或弄棹，或徒步，留下无数描述若耶溪自然景色的华章丽辞：

奉先刘少府新画山水障歌（节选）

杜 甫

若耶溪，云门寺，

吾独胡为在泥滓？青鞋布袜从此始。

入若耶溪

崔 颢

轻舟去何疾，已到云林境。

起坐鱼鸟间，动摇山水影。

岩中响自答，溪里言弥静。

事事令人幽，停桡向余景。

泛镜湖南溪（节选）

宋之问

犹闻可怜处，更在若耶溪。

过耶溪

朱庆馀

春溪缭绕出无穷，两岸桃花正好风。

恰是扁舟堪入处，鸳鸯飞起碧流中。

同徐侍郎五云溪新庭重阳宴集作（节选）

独孤及

万峰苍翠色，双溪清浅流。

除了非常个人化的游记诗外，浙东"唐诗之路"上的若耶溪等地也有诗人与诗友之间，与当地官员、僧人、名流之间的应和之作，还有群体性的宴集酬唱与诗歌盛会。比如，初唐四杰之首的王勃，召集一批诗人在此主持了一次饮酒赋诗的模仿兰亭雅集的修禊活动，仿《兰亭集序》写了一篇《修禊云门献之山亭序》。其中叙景部分写道："暮春三月，修禊事于献之山亭也。迟迟风景，出没媚于郊原。片片仙云，远近生于林薄。杂花将发，非止桃蹊；迟鸟乱飞，有逾莺谷。王孙春草，处处争鲜；仲阮芳园，家家并翠。"唐代宗大历四年（769），浙东曾有过一次大型联唱活动，联句唱和诗计四十九首，参加者达五十七人，联唱地点有鲍防宅、兰亭、法华寺、鉴湖、严氏园林、若耶溪、云门寺、花严寺八处。当时就此编定《大历年浙东联唱集》。

　　若耶溪作为绍兴的母亲河，是古越文化发源地，绍兴的山灵水秀皆源出于此。

　　若耶溪是浙东"唐诗之路"上的集聚点和中心地。千百年来，它在无数文人墨客眼中，呈现出一片繁忙而又宁静、脱俗而又入世的景象。他们充满离情别绪，渴望高山流水，诗意盎然，情趣别致；他们寻访探幽，吟咏风月，留下许多华丽诗篇。由此称若耶溪"诗溪"确实毫不为过。

青山无数逐人来

唐代诗人来越州的不少，宋代依然如此。北宋的王安石也曾经兴致勃勃地扬帆若耶溪，并写下了一首七绝：

若耶溪归兴

若耶溪上踏莓苔，兴罢张帆载酒回。

汀草岸花浑不见，青山无数逐人来。

王安石（1021—1086），字介甫，晚号半山，抚州临川（今江西抚州）人，是北宋著名的思想家、政治家、文学家、改革家，唐宋八大家之一。仁宗皇祐二年（1050）夏，诗人王安石在鄞县（今属浙江宁波）知县任满回临川（今属江西抚州）故里时，途经绍兴，写下此诗。诗的首句写游兴，第二句转写归兴：张帆，若耶溪是上午吹北风，溯流而上；下午刮南风，顺风而下。诗人爱酒，船上也载着酒，但醉翁之意不在酒。后两句写归兴所在。汀草岸花，虽然茂盛美丽，而游人却不太在意。他所关注的是青山无数，风光无限的会稽山随诗人而归。李白曾经有诗："相看两不厌，只有敬亭山。"而若耶山之于王安石，不仅不厌，更相随而归。这种拟人化手法，赋予若耶山以人的眷恋之情，虽未直写作者对青山的眷恋，但感情自在其中。不见溪头花草，只见溪上青山，兴致之高，跃然纸上。

此时诗人只有三十岁，初涉宦海，期待很高，这也可以从诗人同时写于绍兴的另一首诗中可以看出来：

登飞来峰

飞来山上千寻塔，闻说鸡鸣见日升。

不畏浮云遮望眼，自缘身在最高层。

此诗前两句写飞来峰塔的形象，后两句写登飞来峰塔的感想。此时王安石年少气盛，抱负不凡，正好借登飞来峰抒发胸臆，寄托壮怀。从全篇的立意构思看，王安石寓情理于诗境之中，与苏轼"不识庐山真面目，只缘身在此山中"可谓有异曲同工之妙。王安石以"不畏浮云遮望眼，自缘身在最高层"比喻"掌握了获得正确观点的方法，认识达到了一定的高度，就能透过现象看到本质，就不会被事物的假象迷惑"。而苏诗是就否定方面而言的，比喻"人们之所以被事物的假象所迷惑，是因为没有全面、客观、正确地观察事物，认识事物"。两者都极具哲理性，成为脍炙人口的名句。两诗写作，一写登飞来峰，一写游庐山，

王坛丹家

地点相去数千里；一先一后，时间相隔三十余年，王诗先于苏诗，而不是有些人认为的王诗是针对苏诗而写的。

《登飞来峰》诗为王诗之名作，历来脍炙人口，但所咏何地，成诗何时，论者往往各执一词。看《登飞来峰》的注解，大部分断言王安石所咏为杭州灵隐飞来峰。当然也有少数人认为此峰应在绍兴，说："飞来峰即浙江绍兴城外的宝林山。唐宋时其上有应天塔，俗称塔山。古代传说此山自琅琊郡东武县（今山东诸城）飞来，故名。"

第一种说法认为，杭州飞来峰在灵隐附近，山峰怪石嵯峨，风景绝异，据说有印度僧人慧理称："此乃中天竺国灵鹫山之小岭，不知何以飞来？"因此称为"飞来峰"。飞来峰是江南少见的古代石窟艺术瑰宝，可与重庆的大足石刻媲美。苏东坡曾有"溪山处处皆可庐，最爱灵隐飞来峰"的诗句。其实了解杭州灵隐飞来峰的人都知道，此山甚低，"高不逾数十丈"，而且山上无塔，不能登临。因此，王诗中"飞来峰上千寻塔，闻说鸡鸣见日升"的描写与此山实际情况不合。

所以，王安石所咏地点应为今浙江绍兴市塔山（古越州飞来山）。当然，绍兴人都知道：山在绍兴市中心而不是前面所说的城外。此山今名塔山，古代又名怪山、飞来山、龟山、宝林山。宋仁宗庆历七年（1047），王安石出签判淮南，再调知鄞县（今属浙江宁波，在绍兴市东二百一十六里），皇祐二年（1050）秩满，改任舒州通判。往返途经越州，王安石涉足绍兴多次，其间都有可能咏此诗，故此诗大抵作于庆历七年至皇祐二年之间，当然皇祐二年的可能性比较大。估计王安石这次在绍兴盘桓的时间也比较长，和上文那首《若耶溪归兴》应该都是这一次的作品，心情也比较一致。

塔山，在绍兴城南端，与龙山、蕺山鼎足而立，同为城中名山。旧有巨人迹、锡杖痕、宝林寺、圣母阁、灵鳗井等古迹，山巅之应天塔奇秀兼有，擅登临之胜。

飞来山、怪山、宝林山、龟山的名称，也自有其不同的传说。《吴越春秋》云："（范蠡筑山阴小城）城既成，而怪山自生者，琅琊东武海中山也。一夕自来，故名怪山。"据《水经注》卷三十五云："《吴越春秋》称怪山者，东武县海中山也，一名自来山，百姓怪之，号曰怪山。"《寰宇记》亦云："龟山下有东武里，即琅琊东武山，一夕移于此。东武人因徙此故里不动。"唐徐季海有诗云："兹山昔飞来，远自琅琊台。孤岫龟形在，深泉鳗井开。"传说此山在一夜之间悄然飞来，翌晨，百姓见之无不诧异，故名怪山，又称飞来山。怪还怪在原山脚边的东武里（相当于村）也跟着飞来，东武里的居民不知不觉换了人间。此山又名宝林山，乃因山上原有宝林寺，此寺改名为报恩光孝寺。至于龟山之称，《旧经》云："山远望似龟形故名。"塔山中高周缘渐低，略呈覆盆状，从远处望去酷似一只绿毛乌龟，所以叫龟山。塔山一名，得之较晚。《清一统志·绍兴府·山川》云："……上有应天塔，今呼塔山。"据南宋张淏《宝庆会稽续志》卷三云，山上"有塔高二十三丈"，临海，站在山上可见海上日出。古人说的能望见海，其实就是钱塘江，当时钱塘江离绍兴城还要近些，天气好时，应该能依稀看到。

越王勾践曾在此山上修建"怪游台"，用以仰望天穹、观察异象，是我国最早见诸文字的天文台。沧海桑田，它和巨人迹、锡杖痕、宝林寺、圣母阁、望云楼等古迹，均已成为可寻而不可见的历史陈迹。

应天塔原系古越宝林禅寺之七级浮屠，始建于东晋，唐时改名为应天塔，宋代重建，明嘉靖续修，十拱飞檐，建筑雄伟，佛像碑雕极精致。塔内尚存明嘉靖十三年（1534）大修时砖雕数十方，有文字记载，也有图案，其中二方是线条清晰的佛像。这对于研究我国宗教史和明代砖雕艺术，都很有价值。塔断面呈六边形，高三十米，共七层，巍巍壮观。宋张伯玉题寺壁云："一峰来海上，高塔起天心。"王安石的《登飞来峰》诗与此山、此塔的状况说法吻合，作于此，应该有较大的可能。

塔山上还有灵鳗井，井径不满一米，上边是全石凿就、外方内圆的井圈，四面有二十世纪三十年代的绍兴县（现为绍兴市柯桥区）县长贺扬灵撰写的隶书"古灵鳗岫"四字。旧时传说，灵鳗井中有一条极有灵性的鳗鱼，每临天气变幻便现身。黄巢起义时曾登此山，见灵鳗现身，因他不信邪，随手拔剑向鳗头劈去，灵鳗负伤遁逸，以后有人再见灵鳗，发现其头颈留着半圈白线似的疤痕。这是塔山的又一个传说。

可惜的是，这座千年古塔于1910年上元节，因善男信女们上塔烧香，不慎烧着塔身，楼板、扶梯、围栏等木结构全部付之一炬，从此成了一座光秃秃而又千疮百孔的空心砖塔。

1984年，绍兴市园林管理处对应天塔做了大规模的复原整修，根据整旧如旧的原则设计施工。历时十四个月即告竣工，塔外支起"塔衣"（外走廊、围栏、檐口），塔内架起盘梯，塔顶盖以铸铁覆盆，虽旧貌换新颜，但仍保留"宋风明塔"的格局。修复后的应天塔高三十米，因"立足"于三十二米高的山上，于是高耸入云，雄伟壮丽。应天塔装点了古城，无论人们从何种视角望见它，都会觉出绍兴古城的盎然古意来。古人有"梵塔倚天半"之句，缘盘梯登上顶层，依栏四望，便觉得云低天开，古城景色尽收眼底。正是"阛视井邑如阅图画，越之形胜十得六七"。

王安石所登的飞来峰，曾被一些文人误当作杭州灵隐飞来峰，其实灵隐飞来峰并无千寻塔。这主要是大多数人只知道杭州的飞来峰，却不知道绍兴还有一个飞来峰，于是想当然地将此诗的背景定在杭州飞来峰，然后以讹传讹，闹了一个大大的笑话。

大凡被大诗人们点拨、渲染过的名胜古迹，总有人喜欢张冠李戴、移花接木的。这也足见绍兴的塔山在历史上也曾风光过。

第三篇

文人雅趣

越山千万云门绝：东晋古刹云门寺

　　说到若耶溪，不能不说云门寺，因为云门寺前的云门溪本就是若耶溪的上游，若耶溪是去云门寺的必经之路，而云门寺又是得道高僧、文人墨客的朝圣之地，故若耶溪与云门寺相辅相成，相得益彰。"越中十二景"中就有"若耶春涨"与"云门竹筏"两个著名的景点。若耶溪水深岸宽，可通舟楫；云门溪水浅，只有竹筏能漂流。有的干脆就把它们归在一起，如南朝的释洪偃就有诗题为《游若耶云门精舍》。所以杜甫有"若耶溪，云门寺，吾独何为在泥滓？青鞋布袜从此始"这样的诗句，也就不奇怪了。

　　云门寺始建于东晋义熙二年（406），迄今已有一千六百多年历史了，可谓我国现存的年份最久的古刹之一。这里原为王羲之第七子王献之的旧宅。相传晋安帝义熙年间某夜，王献之在秦望山麓住宅的屋顶忽然出现五彩祥云，王献之后人将此事上奏晋安帝，晋安帝得知下诏赐号，将王献之的旧宅改建为"云门寺"，门前石桥改名"五云桥"。说实话，云彩有多种颜色其实很正常，但多有臣子把它说成五彩祥云以取悦皇帝。王献之舍宅改寺后的首任住持为帛道猷。他是东晋高僧，本姓冯，山阴（今浙江绍兴）人，年轻时研习儒学，写得一手好文章，后在若耶山中出家。帛道猷曾经遍游两浙名山胜水，写了不少诗，被人称为有"濠上之风"，可惜其诗作大都散佚，只留下一首诗，就是写云门寺的：

召道壹上人居云门

连峰数千里，修林带平津。

云过远山翳，风至梗荒榛。

茅茨隐不见，鸡鸣知有人。

闲步践其径，处处见遗薪。

始知百代下，故上有皇民。

这首诗又名《陵峰采药触兴为诗》，这也是帛道猷现存的唯一诗作。帛道猷以云门寺的野趣和远离尘嚣来吸引竺道壹前来相聚。

竺道壹，出家前姓陆，吴地人。少年时就出家为僧，很有学问，跟从高僧竺法汰学习佛经，几年之内，他就对佛经有了非常深刻的理解。帛道猷在一次讲经时与竺道壹相识。他给竺道壹写信说："能够优游于山林之间，纵心于佛家和儒家的经书，触动兴致而作诗，在高高的山峰上采药，服下草药治疗疾病，这是多么快乐啊！但是，因不能和您一起享受这种快乐，我常耿耿于怀。"

帛道猷在信中附上了这首诗。竺道壹早就对越中山水十分向往，收到这封信后，欣然来到若耶溪，与道猷相会。他住在云门寺中，与帛道猷互相切磋佛学，以经书自娱自乐，还泛舟若耶，遨游鉴湖，访兰亭，探禹穴，走遍了附近的山山水水。过了没多久，会稽太守王荟在城西建起嘉祥寺，因竺道壹的风范和德行高尚，请他做住持。因为有这两位高僧在，越州一度成为当时的佛教中心。

云门是王献之选的隐居之地，景色绝佳。唐代的皎然曾有诗《寄题云门寺梵月无侧房》称赞说：

> 越山千万云门绝，西僧貌古还名月。
>
> 清朝扫石行道归，林下眠禅看松雪。

皎然（约720—约803），吴兴（今浙江湖州）人，俗姓谢，字清昼，是中国山水诗创始人谢灵运的后代，也是唐代最有名的诗僧、茶僧之一。《全唐诗》编其诗为第八百一十五到第八百二十一，共七卷。皎然为后人留下了约四百七十首诗篇，他在文学、佛学、茶学等许多方面都有深厚造诣，堪称一代宗师。他也是陆羽的师长与朋友，陆羽的《茶经》就受到皎然的启发和指导。

云门山之所以冠绝越中诸山，不光因其风景秀美，更重要的是充满人文底蕴的云门寺使其超出一般的山水景致。云门寺不仅吸引历代高僧纷至沓来，还吸引了外国的僧侣前来交流。作为一处林泉秀美、环境清幽的寺庙，云门寺自然成为历代文人雅士游赏的主要对象。历代的许多文人墨客也都慕名而来寄居、访学、游赏。晋以后多有诗人叩访，如南北朝时，人称大小谢的谢康乐与族弟谢惠连，就曾泛舟若耶溪，对诗于云门。

云门寺的住持均为得道高僧，诸如帛道猷、智永、辨才、支遁等等。到过这里进行短期游学的僧人就更是数不胜数了。

云门寺蜚声遐迩，受到中国历代帝王的器重，如晋安帝、梁武帝、唐太宗、吴越王、宋太祖、宋太宗、宋高宗、清世祖、清圣祖、清高宗等皇帝都十分关注云门寺，或赐名题额，或树碑建塔，或给予各种赏赐等。

由于历朝历代云门寺均声名显赫，其规模也就越来越大，到后来云门寺成了总称，它包括云门主寺及多个副寺，如显圣寺、雍熙寺、寿圣

云门古刹

寺等。在当时，云门主寺和几个主要依附云门主寺而别立的寺院被当地人称为"一山四寺""一主四副"，或云"一本而四名"。当地信众通常将这些寺院视为云门一寺。到宋朝，云门寺已经分为广孝、显圣、雍熙、普济、明觉、云门六寺。陆游曾在他的《云门寺寿圣院记》中有这样的记述："云门寺自晋唐以来名天下。父老言昔盛时，缭山并溪，楼塔重复，依岩跨壑，金碧飞踊。居之者忘老，寓之者忘归。"据此记载，这个寺庙要花好多天才能走遍，而且像迷宫一样找不到出路。因为太大了，寺中的人经常十天半个月也不一定能见上一面，这种规模的寺院古今中外都是很少见的。

大凡来剡越的历代名人，几乎没有不跨进云门寺的；大凡徜徉稽山镜水的历代诗人，几乎都在此留下题咏。天下名刹多有名人光顾，但有这么多名人朝拜并留下众多题咏的名刹少之又少，吟咏云门寺的诗赋之盛，佳篇之多，令人叹为观止。唐代诗人秦系就在这里建了一座丽句亭，他被人称为"诗名满世间"。

上元二年（675），"初唐四杰"之首的王勃率浙东诗人在云门寺王献之山亭主持了一次模仿王羲之兰亭雅集的修禊活动，并仿《兰亭集序》写了一篇《修禊云门献之山亭序》。王勃也许意犹未尽，于同年秋再次修禊于此，作有《越州秋日宴山亭序》。此后又有唐代大历年间的浙东唱和。

于是乎，若耶溪和云门寺的名气也就越来越大，唐代大部分著名诗人都来过这里，写下了不少脍炙人口的诗篇。

据统计，唐代名人先后有四百余人来云门，所以有人说："一座云门寺，半部盛唐诗。"

明代的开国军师刘基曾在云门居住多日，留有大量诗作和散文：《游云门记》《自灵峰适深居过普济寺清远楼记》《发普济过明觉寺至深居记》《深居精舍记》《活水源记》便作于此。徐渭、陈洪绶、董其昌、张元忭、刘宗周等人也经常来到这处佛坛、书坛和棋坛的胜地——云门寺。明代状元张元忭缉有《云门志略》五卷。明后，陈洪绶、祁豸佳等十人出家云门寺，时称"云门十子"，以寄寓对故国的怀念。清代的朱彝尊、厉鹗、商盘、李慈铭、平步青和近代的马一浮等均拜谒云门并留诗记述。

但其实到过云门寺的名人应该更多，因为来过的人不一定写诗和文章，写了诗和文章的又不一定留得下来。现在能看到的诗文只是其中很少的一部分。尤其是绍兴籍的著名文人，大多来过云门寺，其中没有诗文留存的不在少数，这实在是很可惜的事。

一座云门寺，半部书法史

云门寺闻名遐迩，其中一个主要的原因，就是"书法"，这里曾有"一座云门寺，半部书法史"的美誉。云门寺原来就是王献之的老宅，自然也是王羲之和王献之（即"二王"）经常盘桓和研读书法的地方。后来改成寺庙，但与书法的缘分不断，王羲之的《兰亭集序》就与这寺有很深的渊源。

《兰亭集序》就是《兰亭序》，又名《兰亭帖》《兰亭宴集序》《临河序》《禊序》，是大书法家王羲之于东晋穆帝永和九年（353）三月三日的即兴之作。说来也巧，这年他正好三十三岁。《兰亭集序》共二十八行，三百二十四字，无论是文笔还是书法都达到了近乎完美的境界，是一件集艺术性和视觉性于一体的精品，无怪乎后人评价为"右军字势，古法一变。其雄秀之气，出于天然，故古今以为师法"。据说王羲之写完之后，对自己这件作品也是相当满意，曾经反复重写了好几遍，但总是达不到自己第一遍的水平。对此，他本人也不无感叹地说："此神助耳，何吾力能致。"对于这件神仙馈赠的礼物，王羲之视之为传家宝，留给自己的子孙。其子孙也一直将《兰亭集序》当作珍稀之物，妥为保管。

　　王家以书法著称，子孙就算不是书法家，也是书法爱好者，《兰亭集序》一直只在家族范围内欣赏，外人是看不到的。为怕有人打《兰亭集序》的主意，王氏子孙也都保守秘密，不与外人道。《兰亭集序》一传，二传，一直传到王羲之的第七代，偏偏此人信佛，出家做了和尚，法号智永。智永是王羲之第五个儿子王徽之的后代，俗号永禅师。他与他的兄长的儿子孝宾是一起出家的，孝宾法号惠欣。叔侄两人落发在会稽嘉祥寺，嘉祥寺是王羲之的故居改的庙，后来考虑到祭祀方便等因素，他俩就来到了云门寺。梁武帝因为王氏叔侄智永、惠欣都潜心事佛，就在两人法号中各取一字，将云门寺改名为"永欣寺"。智永虽然出了家，但有一件事却是怎么也放不下，这就是书法。或许是老祖宗的遗传与影响，或许是他自己的努力与勤奋，智永在书法上也有很大的成就，是一位十分著名的书法家，唐代书法家虞世南就拜他为师学书法。后来郭沫若说《兰亭集序》不是王羲之写的，认为作伪的就是智永，虽然此说十分荒唐可笑，但也足见智永的书法确实有过人之处，否则何以堪当此"重任"。

　　智永除了家学渊源，自己也下了大功夫练习书法。据说他对书法很是痴迷，日也练，夜也写，光是写脱了的毛笔头就积了好几箩筐。智永将这些毛笔头埋到地下，由于笔头多，竟然成了一个像坟墓的小土包，于是智永就给它取名叫作"笔冢"。由于智永的书法好，来求墨宝的人络绎不绝，竟然把寺庙门口的门槛都踏坏了好几次，以至于僧众不得不用铁皮把门槛包起来，这就是"铁门槛"。这"笔冢"与"铁门槛"成为云门寺的两道风景。智永对书法十分执迷，眼前又放着《兰亭集序》这样的宝物，自然会经常拿出来与嫡传弟子辨才一起欣赏，也时不时对帖临摹。智永是个高寿的和尚，"年近百岁乃终"，临死前将《兰亭集序》传给了自己的弟子辨才。

辨才和尚也是个饱读诗书之人，自然知道这《兰亭集序》的宝贵，他把《兰亭集序》看成自己的命根子。辨才对《兰亭集序》的保护和珍惜甚至超过了他的师傅。为了遵循师傅的临终嘱托完好保管《兰亭集序》，辨才在卧室房梁上凿了一个洞，将《兰亭集序》藏入其中，只在夜深人静的时候才拿出来独自欣赏一番。

本来这已经算是万全之策，谁料人算不如天算，偏偏有一个人惦记这件宝贝。要是这个人是等闲之辈也就罢了，可他偏偏是当时的九五之尊——唐太宗李世民。此时已是初唐，刚刚登上皇帝宝座的唐太宗李世民很喜欢王羲之的书法，他是中国历代皇帝中少有的全能型人物，上马

募修云门寺疏碑

能指挥千军万马，所向披靡，下马能安邦定国，兴国利民。更难能可贵的是他还练得一手好字，书法造诣可与虞世南、褚遂良等人比肩，所以他头上的三顶帽子——军事家、政治家、书法家，个个都不是虚的。

不过，金无足赤，一生勤政爱民的李世民也干过一些不太拿得上台面的事。其中，他通过欺骗的手段得到《兰亭集序》一事就极其不厚道。不过，这不但是中国书法史上的一件大事，也许还是一件造福书坛的大好事。因为《兰亭集序》留在辨才手中，只供他一人之需，碰上兵荒马乱，或者水火灾难，难免会有损毁之虑，而唐太宗拿到《兰亭集序》以后，对它的鉴赏、推崇、临摹、复制在中国文化史上称得上登峰造极，说前无古人、后无来者也一点不过分。而他得帖的过程，虽然不敢恭维，但也是武戏文唱，既没有强抢，也没有豪夺。辨才虽然是一万个不情愿，也只好装着笑脸认栽。关于这件事，画圣阎立本还专门画了一幅《萧翼赚兰亭图》，现存放于中国台北"故宫博物院"。

唐太宗平定天下后，拿刀的机会少了，拿纸笔的机会就多了。作为一名书法爱好者，他尤其崇拜王羲之。当玄奘取经回国后，他特意造了一座大雁塔，想用王羲之的字体刻在塔上，于是想尽各种办法从民间搜集了一千三百余帖王羲之的真迹。虽然唐太宗几乎把王羲之所有流传于世的真迹都征集到手了，但却缺少最著名的《兰亭集序》。既然是收藏，就一定要收到最好的藏品，于是找到《兰亭集序》就成了唐太宗的终极梦想。皇帝想打听东西自然不是难事，很快他就知道了《兰亭集序》的下落。原来《兰亭集序》真迹在越州（今浙江绍兴）僧人辨才手中，于是他命人向辨才问及《兰亭集序》的真迹，并千方百计地劝导他把《兰亭集序》献出来。作为一个出家人，辨才的愿望除了早日得道，就是保管好《兰亭集序》。这是师父智永的临终遗嘱，辨才也是信誓旦旦保证过的。虽然出家人有不打诳语的戒律，但为了保护师父的宝贝，他也只好扯个谎哄骗皇帝。辨才和尚回答来人，当年他在侍奉先师时，的确看到师父经常把玩《兰亭集序》，可是师父圆寂之前，几经动乱，《兰亭集序》不知丢失到何处去了。

此后，唐太宗多次派人去和辨才和尚谈判，好话说尽，也提出不少优惠条件，诸如拨款修建寺庙，褒奖辨才，等等。"普天之下，莫非王土"，换个皇帝，也许是不会这样做的。龙颜大怒，抄家杀头、血流成河是平常事，就算没有家，总还有个庙可以抄，可唐太宗并没有这样做，所以说唐太宗是个英明之主，并非没有道理。

一连几次询问，辨才每次都是以不知真迹下落来回答。唐太宗号称"天可汗"，名声好得要命，对于死不合作的辨才当然不能明抢。明的不行，就用其他法子，但他绞尽脑汁也想不出什么好法子来。于是他对侍臣们讲："王右军的书法真迹，我十分喜欢，这几年费尽心机，也收了千把张，只是其中最出名的《兰亭集序》，却怎么也搞不定。这辨才年纪大了，《兰亭集序》放在他手里用处不是很大。如果拿到我这里，可以供人临摹，不知比在他手中好上多少倍。真是可惜得很。是否可找一个足智多谋的人，设计把《兰亭集序》从和尚手里得来？"尚书右仆射房玄龄想到一个人，随即奏道："我听说梁元帝的曾孙，现任监察御史的萧翼。此人很有才能，平时的点子也多，应该是去山阴会稽的不二人选。"唐太宗听了，立即召见萧翼，问他是否有好办法解决这一难题。萧翼听了，也不推辞，回答道："如果我还是以官员的身份去向辨才要，结果必然和前几次一样，他肯定不会献出来。我想扮作平民去试一试，听说内府有二王帖不少，最好借我几幅，我可以借机接近辨才，试着去获取《兰亭集序》。"唐太宗看他胸有成竹，讲得也有道理，觉得值得一试，于是给了萧翼几幅二王的真迹。

于是萧翼穿便服先到洛潭，再坐商船来到越州会稽。这天傍晚，萧翼黄衫宽袖，化装成一个穷困潦倒的书生，来到辨才居住的永欣寺，在走廊上装作看壁画，慢慢地走到辨才的禅房前。辨才见是远方人，便上前打招呼："檀越何方人士，来此有何贵干？"萧翼答道："弟子山东人士，原来也是读书人，因家道中落，不得已做些小买卖。久闻越地乃丝绸之乡，故贩些蚕种来卖。见宝刹山掩水绕，古意盎然。大师仙风佛骨，想必是寺中住持？"辨才见萧翼谈吐不俗，就请他到僧房让茶。这样两人就你一言我一语地谈起来。两人下围棋、弹琴、投壶、握槊，各展才艺，由于惺惺相惜，两人也就慢慢热络起来，从琴棋书画谈到《诗经》、《周易》、汉赋，越谈越投机，真是相见恨晚，辨才便殷勤地留萧翼住下来。当晚辨才开了一坛初熟的酒，在月下招待萧翼。辨才和萧翼行起酒令来。辨才抽到了"来"字，便吟就一诗：

> 初酝一缸开，新知万里来。
> 披云同落寞，步月共徘徊。
> 夜久孤琴思，风长旅雁哀。
> 非君有秘术，谁照不燃灰。

辨才在诗中表达了自己在山中过着孤寂的生活，新酿初熟的一缸酒打开了，又碰上新朋友从万里之外来到这里的欣喜之情。他写道："我们身披暮霭，同在这寂寞冷落的山里，一起在月下散步。夜深了，我操琴来寄托孤独的情思。风声凄紧，传来了征雁的哀鸣。如果不是你有奇妙的方法，谁能温暖我像死灰一样的心呢？"可是万万没想到萧翼是为《兰亭集序》而来的。

萧翼则抽到了"招"字，他不假思索地吟道：

> 邂逅款良宵，殷勤荷胜招。
> 弥天俄若旧，初地岂成遥。
> 酒蚁倾还泛，心猿躁似调。
> 谁怜失群雁，长苦业风飘。

两人真可谓棋逢对手，将遇良才，谈得十分投机，很快就从话友"升级"成了莫逆之交。天明萧翼告辞，辨才诚恳地邀请萧翼有空就到寺里来。

萧翼第一步接近辨才成功，于是就开始实行第二步取《兰亭集序》的计划。打这以后，萧翼就经常携酒去寺里看望辨才，两人饮酒赋诗，感情十分融洽。

又过了些时候，萧翼到寺里会见辨才，手中拿了一幅梁元帝画的《职贡图》，称赞个不停。辨才见了便和萧翼谈论起书法来。萧翼说他先辈都特别喜爱二王的法帖，尤其对他们的楷书情有独钟，因此他也从小爱好书法，身边还带着他们的法帖放在旅店里。这正好抓到辨才的痒处，他听了心中十分高兴，便叫萧翼明天把法帖带来观赏。

第二天萧翼带去二王法帖，展示给辨才看，辨才反复端详，仔细辨认，点头道："这倒是二王真迹，但不是最好的，我这里有他的一幅真迹，不同于一般，可称得上绝品。"萧翼问道："是什么真迹？"辨才答道："是《兰亭集序》。"萧翼摇头笑道："这是不可能的事，东晋到现在已有好几百年了，这期间经过无数次丧乱，《兰亭集序》真迹怎么还会存在？你所有的可能是摹写的赝品。"辨才道："我的师父是王羲之后裔，他在世时，十分爱惜此帖，圆寂前亲手将此帖交给我，郑重嘱咐我要妥善珍藏。再说师父生前，我经常看到他临摹此帖，怎么会是赝品呢？明天你来看好了。"

第二天萧翼来到寺院，辨才从屋梁的方洞里取下一个黄色小包袱，小心翼翼地揭开黄绫包皮，把《兰亭集序》拿出来递给萧翼。萧翼接过一看，果是《兰亭集序》真迹，心禁不住怦怦地跳起来。但是他马上镇定下来，故意挑毛病、指缺点地说："果是临摹的赝品，不是真迹。"辨才说："这是真迹！"两人就真伪问题争论很久，谁也说服不了谁，只好作罢。

自从辨才把《兰亭集序》拿出来给萧翼看过之后，便不再放到屋梁上去了。萧翼所带的法帖也留下，一起放在辨才卧室的书桌上。辨才虽当时已年逾八十，但还是每天对着王羲之真迹临摹好几遍。自那以后，萧翼经常往返于旅店和寺院之间，和尚们也不把萧翼当作外人。

一天，得知辨才到城里灵汜桥南的严迁家里吃斋饭去了，萧翼便来到寺院，对小和尚说，他有一块方帕丢在辨才卧室的床上，要小和尚开门让他去取。小和尚不明就里，就为萧翼开了门。萧翼取走了书桌上的《兰亭集序》和带来的二王法帖，急忙离开寺院，找到永安驿驿长告诉他："我是朝中御史，奉皇上之命来越州有公干，还有皇上圣旨，请报于都督知晓。"驿长不敢怠慢，马上禀告窦建德的妹婿越州都督齐善行。齐善行当然不敢怠慢，马上来拜谒。萧翼宣示了皇上的命令，并告知其详情。齐善行就派手下去通知辨才。

那边辨才还在严家吃斋饭，就有都督手下官员来传唤，说是京都御史要亲自接见。辨才想想，自己与朝中官员素无来往，一定又是《兰亭集序》惹的祸，一边考虑怎么圆谎，一边赶往官衙。辨才进了衙门，一看这御史不是别人，竟是经常来永欣寺的那个落拓书生，知道大事不好。萧翼告知辨才："萧生乃在京中当差，奉皇上旨意，特来取《兰亭集序》，因事出无奈，隐匿自己身份不能如实告知，唐突之处务请见谅。现《兰亭集序》已在本官这里，我要回京交旨去了。这些日子，承蒙大师殷勤款待，大师学识渊博，下官得益匪浅。这次特地来告别。"辨才一听便晕倒在地，过了好久才醒过来。此时萧翼已快马加鞭，疾驰赴长安而去。萧翼回到长安，立即把《兰亭集序》献给皇上，唐太宗得到这梦寐以求的书法珍品，龙颜大悦，房玄龄举荐有功，赏赐彩锦一千段；萧翼圆满完成使命，官升五品员外郎，赐一座住宅、两匹配上金银珠宝装饰鞍辔的御马，其他还赏了银瓶、金缕瓶各一，外加一个装满珍珠的玛瑙碗。

对辨才，唐太宗先是恼怒他有欺君之罪，不肯献出《兰亭集序》，想给他一点惩罚，但考虑到他年逾八十，受不起刑罚。后来一想，老和尚也是师命难违，这宝贝全靠他悉心保护，才得以完好无缺，其实他也有很大的功劳——这也正是唐太宗的英明之处，于是他赏赐辨才三千段绸缎，三千石稻谷，敕命越州府支出。辨才一拿到赏赐，就建造了一个极其富丽堂皇的宝塔。但毕竟辨才是个八十多岁的老人，经不起这场惊吓，又心疼《兰亭集序》，连饭也吃不下，每天以薄粥度日，不久便圆寂了。

唐太宗自得《兰亭集序》真迹以后，便命欧阳询、褚遂良等书法家临摹数本，赏赐给诸王、大臣。唐太宗驾崩后，《兰亭集序》作为陪葬品，被带入昭陵地下。因此如今世上流传的《兰亭集序》都是摹本。

此事又有余波。据《新五代史·温韬传》，后梁耀州节度使温韬曾盗昭陵："韬从埏道下，见宫室制度，宏丽不异人间，中为正寝，东西厢列石床，床上石函中为铁匣，悉藏前世图书，钟王笔迹，纸墨如新，韬悉取之，遂传人间。"依此记载，则《兰亭集序》真迹经"劫陵贼"温韬之手复见天日。另外，宋代蔡挺在跋文中说，《兰亭集序》偕葬时，为李世民的姐妹用伪本调换，真迹留存人间。然而此后《兰亭集序》真迹消息便杳如黄鹤，其下落如何，更是谜中之谜了。

但云门寺则因为《兰亭集序》更加闻名遐迩了。历朝历代诗人纷至沓来。正像清代山阴诗人赵季莹在《古迹胜景诗》中说的："为访辨才藏帖处，唯余塔址夕阳留。"

兰亭

僧扫虚窗约对棋

云门寺不仅在中国佛教史上占有极为重要的地位，在中国书法史上举足轻重，在中国围棋史上也是声名煊赫。众所周知，东晋时期，从北方南迁到会稽的王谢家族中围棋高手不少，王羲之、王献之父子就是其中之二，而王献之的故居，当然就是围棋高手的竞技场地。

王献之的后代舍宅改寺，首任主持帛道猷也是一位围棋好手。帛道猷在佛理上很有造诣，同时也留下不少有关围棋的故事。当初帛道猷受邀担任云门寺住持时邀请者有没有这方面的考量不得而知，但这种可能性很大。

后来继任云门寺住持的支遁，更是痴迷于棋枰。当时王氏家族中的名士王坦之的父亲王述为会稽内史，王坦之随父居于会稽。支遁与王坦之虽然在佛法上各怀己见，互相抵牾，经常争得面红耳赤；但在黑白之道上却是棋逢对手，惺惺相惜，经常相约切磋，赛场多为云门寺。而"手谈"与"坐隐"就是他们两个人替弈棋取的别名。

永和七年（351），会稽内史王述丁忧，就地料理丧事，并守孝三年。此时王坦之不便去云门寺下棋了。但支遁技痒，于是造访王述，想要与王坦之下棋。然而按当时的规矩，居丧期间禁止娱乐，不能下围棋。支遁心痒手痒，曰"手谈耳"，坦之会意，领支遁至一处僻室过瘾。隐坐于僻室，王坦之谓之"坐隐也"。服丧期间，用什么样的方法下围棋，才不违反丧制？"坐隐""手谈"这种围棋形式和新名词就是在这样的情况下产生的。这是两位围棋的痴迷者，挖空心思运用巧妙的手段，对旧习俗进行的变通。因为魏晋名士的思想比较开放，在当时的社会背景下，王坦之和支遁这种行为反而被视为风雅之行，能够得到大多数世人的理解。从此，下围棋就有了"坐隐"和"手谈"这两个一直流行到今天的"雅号"。

云门一角

　　云门寺历任住持皆系当时著名的高僧，且好多都对围棋情有独钟。除上面所说的帛道猷、支遁外，智永、智果、辨才等也都爱好围棋并且均为此中翘楚，寺中僧人受他们的影响，大多精于围棋且高手迭出。这云门寺其实也是绍兴历史上源远流长的"围棋俱乐部"，或者说质量上乘的"围棋培训学校"。

　　王羲之的第七代孙、南朝的智永禅师驻寺临书三十年，留有铁门槛、笔冢的掌故，其侄惠欣也在这里出家为僧，叔侄二人都是书法大家，同时又都是围棋高手，要想手谈就不必外出另找高手了。关于王羲之的墓地有多种说法，其中有一说就在云门寺附近，据说智永与惠欣出家在云门寺，也是为了扫墓方便。智永有两个徒弟，一名智果，一名辨才，都是他的书法传人，当然也都随师学棋，均为弈林高手。

　　辨才，俗姓袁，唐越州山阴（今浙江绍兴）人，梁司空袁昂玄孙，拜智永为师，在大名鼎鼎的云门寺（此时敕改"永欣寺"）出家。他在师父智永的传授下，变得博学多才。唐张彦远《法书要录》卷三评价辨才的艺术才能时说："辨才博学工文，琴、棋、书、画皆得其妙。"这是我们现在所能见到最早的"琴、棋、书、画"的提法，中国文人的才艺"琴棋书画"一词，也典出云门寺辨才这里。智永身后，王氏传家之宝《兰亭集序》真迹由辨才收藏，结果就在这云门寺中被唐太宗派来的御史萧翼设计得去。萧翼扮成书生，进辨才所居永欣寺。两人邂逅，寒暄一番，进入禅房，"即共围棋抚琴，投壶握槊，读说文史，意甚相得"，萧翼由此终得辨才藏之《兰亭集序》真迹。

　　萧翼与辨才的几盘围棋，在围棋史上也许十分平常，但在中国的书法史上，却是惊天动地。有人说，这未始不是围棋种下的祸患；但笔者认为，从另一个角度讲，这其实也是围棋立下的一大功劳。如果《兰亭集序》没有落到萧翼手中转交唐太宗，这书法神品或许已毁于战乱和灾祸。退一步讲，如果《兰亭集序》没有到唐太宗之手，肯定也没有这么多唐朝顶级书法家的最接近真迹的临本、摹本问世。所以我们今天还能看到这些优秀的书法精品，围棋其实功不可没。

因为《兰亭集序》一事，云门寺在唐朝声名大噪，再加上围棋的因素，文人雅士更是接踵而来。因为在唐代，围棋已成为流行于文人雅士之中的常见休闲方式，唐朝的帝王多爱好围棋，自高祖李渊以下几乎是一脉相承。只是有人爱得深些，有人爱得浅些而已。唐朝廷设立专门陪侍帝王下棋的官职——棋待诏，就是明证。上有所好，下必有甚，不仅有很多王公贵族成为围棋迷，就连杜甫、杜牧、白居易、元稹、刘禹锡、皮日休、温庭筠等赫赫有名的大诗人也概莫能外，关于他们嗜棋的逸闻趣事不胜枚举。唐代诗人王勃、宋之问、王维、孟浩然、李白、崔颢、杜甫、钱起、刘长卿、秦系、释皎然、顾况、严维、韦应物、卢纶、释灵澈、孟郊、张籍、白居易、柳宗元、元稹、贾岛、杜牧、方干、温庭筠、李商隐等都先后来到云门寺，一方面是来拜佛陀，另一方面也是来观胜景，其中也不乏慕名而来的嗜棋者。

像秦系、方干就有不少时间盘桓在云门寺附近，有时干脆在云门附近隐居。元稹、白居易来这里肯定是有围棋的因素：元稹和白居易不仅是诗友，更是棋友，都可谓嗜棋成癖。虽然白居易的棋艺不及元稹，但他们在对弈中所追求的主要是心灵的沟通和情趣的投合。

元稹居家待客的两大佳品，一是酒，一是棋。他曾不无得意地说："酿酒并毓蔬，人来有棋局。""还醇凭酎酒，运智托围棋。"以棋待友，既表明诗人本身酷爱围棋，也表明诗人弈棋所追求的是情趣的满足。长庆元年（821），他还于自己的府中举行过一次围棋盛会，与会者除了民间的专业棋手外，更多的是供职于朝廷的士大夫，连德高望重的老丞相段文昌也兴致勃勃地前往参加。后来元稹写下《酬段丞与诸棋流会宿弊居见赠二十四韵》一诗，不仅淋漓尽致地描写了这一盛会的场景，而且不无感慨地写道："此中无限兴，唯怕俗人知。"这里的"无限兴"与"俗人"对置，显然重在文人们特有的情趣而不仅指棋艺水平及局上胜负。

白居易也是如此，他的棋艺并不高，他在给元稹的信中就很坦率地写道："乃至书画棋博，可以接群居之欢者，一无通晓。"尽管如此，也并不妨碍他"花下放狂冲黑饮，灯前起坐彻明棋"，有客造访，则"晚酒一两杯，夜棋三数局"，甚至与朋友"围棋赌酒到天明"。白居易晚年居香山，自号香山居士，常与胡杲、吉皎等八位德高望重的老人对弈，无论棋艺高低，都是人生一大快事，都能从中获得一种特殊的乐趣。应该说，多数文人喜欢围棋，看重的正是这一点。

长庆三年（823），元稹调任浙东观察使兼越州刺史，恰好此时白居易任杭州刺史。两人有不少诗艺上的交流，而且各自夸耀自己所在的地方胜于对方。因为两地相距不远，也给两人的围棋交流创造了条件。

元稹还在绍兴（时称越州）龙山（为越州府衙所在地，故又称府山）上的越王台宴请宾客，并以棋会友，白居易多次受邀来绍兴，除了切磋棋艺，还一起去围棋圣地云门寺，路过平水，还看到当地的茶市上有人用抄写的白居易和元稹的诗作在换好茶，两人不禁相视大笑。

在云门寺，他们看了当年辨才与萧翼下棋的所在，晚上也一同住在寺中，还各自写了留宿云门寺的诗作。至于两人有没有像辨才与萧翼那样通宵达旦地手谈，文献没有记载。但依两人的性情与对围棋的热衷，这种可能性还是相当大的。据粗略统计，《全唐诗》直接咏及云门的诗作达五十余首，而唐代到过云门的诗人更不计其数。云门乃越中必游之地，而到云门者必夜宿于云门寺，如此想来，晚上效仿辨才、萧翼对弈的就不会少了。

到了宋代，云门寺依然为文人所重，北宋的文豪（同时也是围棋爱好者）范仲淹、苏舜钦等也来过云门寺并留下诗作。南宋时期的爱国诗人陆游经常携家带口住在云门寺，而这里也是陆游的少年读书处。陆游在多处诗中提及云门寺，撰有《云门寺寿圣院记》。陆游对围棋的着迷得益于家传（或许也有云门寺的功劳在里面），他家先辈仕宦多有藏书，其中不少是棋书和棋谱。其父陆宰精通棋艺，常常与围棋高手（其中也不乏僧侣）切磋，陆游从小受到感染和影响。陆游年轻时在酬答妙湛和尚的诗中说，妙湛下得一手好棋，并回忆妙湛的师父璘公棋艺奇佳，当年和他父亲经常切磋，两人交情甚笃。诗云："昔侍先君故里时，僧中最喜老璘师。……可人不但诗超绝，玉子纹枰又一奇。"从中可以看到他自小得到围棋高手的熏陶和指点。

陆游年少时住在云门寺，寺中高手众多，陆游的围棋显然在这里打下了良好的基础。陆游年轻时学诗、学兵法、学围棋，这都成了日常的功课。陆游也是中国古代写围棋诗最多的诗人，一生留下了一百多首围棋诗。他在诗中回忆自己中年时是"扫空百局无棋敌，倒尽千盅是酒仙"，诗作或许会有些夸张，但应该与事实相差不多。晚年，陆游虽住在鉴湖三山，但在云门寺依然有书巢，他也经常来云门寺，看望老朋友，同时也不时下几盘棋："客撑小艇招垂钓，僧扫虚窗约对棋"；"遍游竹院寻僧语，时拂楸枰约客棋"。

还有一件事必须提一下。至今云门寺东厢房北端廊壁还留有募修云门寺疏碑，为明代末年所立，碑用太湖石镌刻而成，高1.48米，宽0.82

米。碑文系明代绍兴籍政治家与文学家王思任撰文，范允书写。碑文下方有明末著名的书画家董其昌、陈继儒、董象蒙三人跋语。王思任是一位围棋爱好者与围棋理论家，曾写过一篇题为《自赞》的"三字经"，说自己是"酒不让，棋堪赌"，说明他的酒量与棋艺均很出色。他认为棋局如同政局，故仿照《大明律》，写下一部千古奇书《弈律》，讲述了共计四十二条"弈律"。该书以夸张手法论述了棋品、棋规等极为严肃的问题，旨在重申棋规，提倡良好的棋风。王思任还有一首《漫咏》，诗中写道："朝来懊恼仍多事，病酒敲棋碎石磐。"一语成谶，顺治三年（1646），清兵南侵过钱塘，绍兴被攻破，王思任就在云门寺不远处建孤竹庵。当时，清巡按御史王应昌请他出山，他拒不剃发降清，绝食数天后为国殉节。回过来说这块碑文，文中提及云门寺

募修云门寺疏碑

中曾经的住持帛道猷、支遁等几位爱棋的高僧；同时还有"采芝访药，时见毛人博局"之句，"博局"即对弈，"毛人"指的就是仙人。陆游有《秋兴》诗："羽客期烧药，毛人约卜邻。"诗中"毛人"同样指

附近村中遗留下来的石础

的是仙人。这碑文既然由王思任来撰写，里面当然会有围棋的因素。

二十世纪七十年代末八十年代初，我为了写有关《兰亭集序》与陆游的论文，曾多次到云门寺旧址造访。当时遗存还不少，其中印象最深的就是直径一米多的石础（房柱下的基石）还能见到几个。但因为疏于保护，这些石础都被当地农民陆续敲碎，移作他用，后来再去也见不到了，殊为可惜。王阳明撰文的碑至今犹存，已列为绍兴县（今绍兴市柯桥区）文物重点保护点。

围棋是我国优秀的古典文化之一。它似一颗璀璨的明珠，闪耀着绮丽的光彩。围棋融合艺术、易理、谋略于一体，以极高的艺术价值，富有趣味的智力角逐，成为永恒和谐的艺术与文明的象征。作为国务院首批历史文化名城的绍兴正在不遗余力地弘扬优秀传统文化，这里的围棋事业也是方兴未艾，发掘、研究云门寺的围棋文化正是其中的一部分。如果能进一步深入研究"云门寺围棋文化"，逐步修复这座"中国围棋第一寺"，那么可谓功莫大矣。

慧皎若耶溪畔精研佛学

他，不依附权贵，深思高举，如洁白清风。

他，春秋弘法，冬夏著述，留下中国佛教史上的皇皇巨著。

他，学通内外，博究经律，创宗立说，终成一代名僧。

他，就是南朝梁的佛学家和佛教史家慧皎。

慧皎（497—554），浙江上虞人。据史书记载，其为人清静恬淡，不慕权贵名禄，喜隐遁潜逸。喜好书法的皇室成员萧绎曾往慧皎处搜集书法墨迹，而在"侯景之乱"时，慧皎却不去投奔已登帝位的元帝萧绎，而是向西避于溢城匡庐（今江西九江）一带，其不依附权贵，深思高举，如洁白清风的节操令时人和后人慨叹。

慧皎学识广博，史称他"学通内外，博训经律"，尤其对经律颇有研究，并且兼通佛学之外的儒、道百家之学，被当世和后代誉为一代高僧；又因其所著《高僧传》是现存佛教传记中最早的一部，也是僧传类著述中的重要典籍之一，慧皎被誉为"释氏（佛学）之良史也"。

东晋、南朝时期会稽一带经济繁荣，社会安定，人物殷阜。自东汉实施吴、会分治以后，随着鉴湖水系工程的完成，会稽山北麓的山会平原耕地扩大，粮食生产水平大幅度提高，纺织、冶炼等手工业迅速发展，对外贸易蓬勃兴起，为东晋、南朝时期会稽的进一步繁荣奠定了坚实基础。会稽成为当时海内巨邑，史称"今之会稽，昔之关中"。坚实的经济基础，为当地的社会文化发展提供了良好的条件，而外来的佛教在这一时期也得到了官府和百姓的大力支持。

自东汉灵帝在位的建宁年间（168—172），安息国高僧安世高云游会稽，弘传佛教，经过三国、西晋的初步传播，至东晋佛教文化有了很大的发展，出现了般若学"六家七宗"，会稽成为当时江南佛学中心之一。南朝的宋、齐、梁、陈时期，佛教在会稽继续快速发展，形成涅槃学、成实学、毗昙学等学说，为隋唐时期中国佛教宗派天台宗、三论宗首先在越中一带的创立奠定了基础。

当时若耶溪畔的平水镇一度成为浙东传播佛教的中心。这里古刹云集，宗派祖庭争相宏宗立说，大德高僧代代呈现，帝王将相不断赏物赐额，骚客名流诗歌吟咏无数。据民国《浙江通志》统计，南朝时期会稽郡新建寺院三十四处，其中梁朝多达十九处。其实，实际的寺院数目远远不止这些。杜牧《江南春》诗中所谓"南朝四百八十寺，多少楼台烟雨中"，实不夸张。大批佛寺的建成，无疑给僧人讲解佛经、弘传佛法、著书立说、创立宗派提供了有利条件。

在若耶溪旁，有一座亭子，其柱子上有一副对联写道："七十八寺此为古，三十六溪此为名。"上联是对这里寺庙众多、佛教文化发达的揭示。在这众多的寺庙中，云门寺和嘉祥寺是最著名的。

慧皎长期所驻之嘉祥寺，寺址在绍兴城南秦望山麓，其东与若耶山相望，若耶溪从两山之间向北奔流。这里地处绍兴南部山区，宁静优雅，气候宜人，依山傍水，林泉秀美，是一处清幽脱俗的佛门胜境。据史料记载，嘉祥寺最初建于东晋宁康元年（373）至晋太元三年（378）

若耶溪畔

间，王羲之的侄儿、会稽内史王荟为迎接高僧竺道壹而兴建嘉祥寺，并以竺道壹"风德高远，请居僧首"。

由于竺道壹"博通内外""律行清严"，他位居僧首后，四方僧尼纷纷前来听讲学佛，嘉祥寺成了远近闻名的佛教名刹。至齐、梁间，嘉祥寺依旧名声显赫，一心怀着弘扬佛法理想的慧皎，就在嘉祥寺内春夏弘法，秋冬著述，勤奋卓绝，孜孜不怠，多年潜心于佛学研究和著述。

涅槃学是当时佛学中的显学。涅槃学，即研习印度佛教的重要经典《大般涅槃经》的学派，该派僧人被称作涅槃师。《大般涅槃经》着重论述佛身虽灭、法身常住和一切众生皆有佛性的思想。此经由佛陀跋陀罗译出，大约在南朝宋时传入南方，并由谢灵运等人重新改定并增加品目。当时在会稽郡研习、弘传《大般涅槃经》而闻名的涅槃师有天柱寺的慧静，云门寺的智顺、智藏和嘉祥寺的慧皎等。慧皎撰有研究涅槃学的著述《涅槃经义疏》及《梵网经疏》（已佚）。

由于佛教是外来宗教，它赖以产生和流传的古代印度社会的历史背景和中国社会的历史条件并不完全相同，佛教的内容结构、思想方法和经常使用的概念范畴，也与中国固有的学术思想不一样，加上语言文字的隔阂、理论的艰深晦涩，要使具有中国文化根底的人弄懂这产生于异质文化的佛教原理，在最初的佛经翻译和解说中就必须以中国固有的名词概念、思想方式来予以说明，并适应中国学说和现实社会的需要对其进行一些调整和变通。魏晋南北朝玄学兴起，打开了两种思想隔膜的通道。受玄学影响，中国佛教学者把佛教当作一种道术，认为佛教也包含义理，视之为讲哲学的宗教。在这种历史背景下，佛教流传的主要学说般若学与玄学融合起来，学者们开始用中国固有的名词、概念、范畴，特别是老庄哲学，来比附佛学经典的概念和范畴。这便是"格义"方法的缘起。"格义"的使用，把晦涩难懂的佛理对应成浅显明白的中国道家或儒家的理论模式，很适合初学者，能够帮助他们排除概念上的障碍，显示出古人对于经典并非不加选择的盲信，而是带有研究色彩的接受。有了"格义"方法，佛教中国化的过程也就开始了。而慧皎是最早提出佛学中"格义"这一概念并践行的佛学家。

除佛学研究外，慧皎对佛教文化贡献最大的，是其呕心沥血之作——十四卷的《高僧传》。这部僧传为佛教史学界留下了自汉迄梁佛教历史人物的翔实资料，内容取材丰富，分类科学，是古代佛教传记文学的典范。

关于撰写《高僧传》的缘由，慧皎在《序录》中云："自前代所撰，多曰名僧，然名者，本实之宾也，若实行潜光，则高而不名；寡德适时，则名而不高。名而不高，本非所纪；高而不名，则备今录。故省名音，代以高字。"慧皎认为，"高僧"和"名僧"应当分开。他对"高"的标准是"僧人之具有节概者"。故近代史家陈垣指出："慧皎著书，提倡高蹈，故特改名僧为高僧。"这里虽只有"名"与"高"的一字之改，却反映了慧皎对当时佛门僧众的看法。同时也说明慧皎精通佛教史事，众采百家之长，敢于后来居上。

为了写作《高僧传》，使高僧独伦高蹈之行、广大弥天之法，昭然灼灼于今时后世，慧皎广泛收集材料，仅僧传之类的资料，就收集了数十家之多，为写作做了充分的准备。他说："遍览群作，辄搜检杂录数十余家，及晋、宋、齐、梁春秋书史，秦、赵、燕、凉荒朝伪历，地理杂篇、孤文片记，并博咨故老，广访先达，校其有无，取其同异。"可见为了完成这部著作，慧皎呕心沥血，倾尽才思，下了非常大的功夫。

《高僧传》分译经、义解、明律等十门，所记的人物，自后汉永平十年（67）起，至梁天监十八年（519）止，共四百五十三年，为二百五十七位僧人正式立传。另有旁出、附见者二百余人，总共有四百余人。因南北朝分裂的社会局势所限，记载详于江南诸僧而略于北方诸僧。书中所载僧人，初期多属西域僧人，进入中原后冠以国姓。如支谦，支者，月氏人；竺法兰，竺者，天竺人。而中土僧人，则以其师姓，如竺法深，本姓王，东晋大臣王敦之弟；支道林，本姓关，亦从其师姓而改。这些记载补充了史传之不足，为研究佛教史提供了颇有参考价值的资料。

《高僧传》保存了许多中西交通史，尤其是中国与印度早期文化交流的史料。如卷四《朱士行传》，记载了朱士行的经历，说他出家以后，专务经典，他认为汉灵帝时竺佛朔所译《道行经》"文章隐质，诸未尽善"，"遂以魏甘露五年（260）发迹雍州，西渡流沙，既至于阗，果得梵书正本凡九十章，遣弟子不如檀，此言法饶，送经梵本还归洛阳"。这是中土沙门最早西行求法之事。

《高僧传》是现存佛教传记中最早的一部，为佛教史学界留下了自汉迄梁佛教历史人物的翔实资料，弥补了一般正史中为僧立传者极少的不足。其取材精审，分类科学，义例明确，条理清晰，文采斐然，传记的叙事技巧高超，情节曲折生动，而且旁征博引各类典籍，记述十分全面系统，内容取材丰富，是治古代佛教史的重要典籍之一。

《高僧传》在慧皎的时代就已经名重一时，佛教界，包括整个学术界都十分看重《高僧传》并给予高度评价。《高僧传》也对后世佛教史传撰述产生了很大的影响，后世此类僧传作者如唐之道宣、宋之赞宁和明之如惺，在体例和结构上，都奉慧皎的《高僧传》为典范。

春雷飞白雪，锡水散凝酥

"囊中日铸传天下，不是名泉不合尝。"

"汲泉煮日铸，舌本方味永。"

这是南宋诗人陆游的咏茶诗。诗中所指与名泉相配的名茶，就是日铸茶。

日铸茶产于若耶溪畔的日铸岭。此处古木参天，修篁遍地，云雾缭绕，沟壑纵横，是产茶的好地方。

在越王勾践之父允常在位时，有位叫欧冶子的工匠，善于铸剑。允常为了北抗吴、楚，请他铸剑。在日铸岭附近的赤堇山（铸铺岙）、上灶村、中灶村、下灶村，欧冶子利用赤堇出锡、若耶出铜之便，办起了巨大的冶炼工场，架起了熊熊炉火。欧冶子按五方之位，采五精之气，炼成了五把剑，分别取名为：湛卢、纯钩、胜邪、鱼肠、巨阙。因欧冶子在别处铸剑不成，在这里却一日铸五剑，此岭便得名日铸，由此而成为古越文化的见证地。

早在唐代，日铸岭一带的山民就以蒸青的方法做成团饼茶，此处成为当时举国皆闻的产茶区。日铸岭上产的茶，就名日铸茶（又名日注茶、日铸雪芽），自唐以降，一直为我国名茶之一。

会稽夕照

日铸茶在唐代陆羽著的《茶经》中已被评为珍贵仙茗。两宋年间，当地茶农对制茶工艺进行改革，率先用炒青法代替蒸青研压法制茶，改碾为揉，改研膏团茶为条形散茶，制作的茶叶形为条状，形质为之一变，冲泡后色、香、味、形更佳。这已经与现代制茶工序十分类同了。也正是从这时起，日铸茶被列为贡品，享誉全国。宋代欧阳修《归田录》评云："草茶盛于两浙，两浙之品，日铸第一。"中国历史上的著名方志、南宋的《剡录》也云："会稽山茶，以日铸名天下。"

而到了明代，日铸茶被人取了一个更动听、更具诗意的名字——"兰雪"。"兰雪"之名当其时盛行京师，达官贵人，非"兰雪"不饮，日铸茶的名声达到了顶峰。

到了清代，日铸茶成为康熙皇帝心头最爱。为满足这位皇帝对日铸茶的喜爱，当时绍兴的地方官员专门在日铸岭一带开辟约四十亩山地（后人称之为"御茶湾"），每年采制特级茶叶，在传统日铸茶炒青法基础上，将似长非长、似圆非圆的茶形经重揉、重压，揉、炒结合而成为团形，制成一种形似珍珠、色泽润绿、香浓味醇的炒青圆茶，进贡给康熙帝，被称为"贡熙"，此茶有"绿色珍珠"之誉。

至明末，日铸茶何以演化为"兰雪"茶？

"兰雪"这个名字可谓美丽到了极致，这和日铸茶的品相有关。日铸岭上峰峦叠嶂，苍松翠竹，云雾缭绕，土质肥沃，适宜茶树生长。那一畦畦梯田式茶园中，生长着郁郁葱葱的茶蓬，吐出细嫩肥壮的芽梢，芽细而尖，遍生雪白茸毛，故名之。

"兰雪"之得名，则与明代绍兴大才子张岱有关。

张岱不仅是一位堪称绝代的散文家，更是一位茶艺鉴赏的行家。他明茶理，识茶趣，为品茶鉴水的能手，是一位精于茶艺、茶道之人。他自谓"茶淫橘虐",可见其对茶之痴。他在《陶庵梦忆》一书中,对茶事、茶理、茶人有颇多记载。除了品茶鉴水之外,张岱还改良家乡的"日铸茶",研制出一种新茶,名之为"兰雪"。

当时,安徽有一种叫"松萝"的茶,因制法先进,在市场上迅速崛起,竟把"江南第一"的日铸茶给压了下去了。张岱不甘心日铸茶落后,就招募技艺先进之茶人到日铸岭与他一道改进制作方法。他们用松萝茶的制作方法,提升日铸茶的品质,经过拎法、掐法、挪法、撒法、扇法、炒法、焙法、藏法等技艺的处理,再在茶叶里加进茉莉进行炒制,结果,他制出的茶"色如竹箨方解,绿粉初匀;又如山窗初曙,透纸黎光",冲泡出来,色如新竹,香如素兰,汤如雪涛,清亮宜人。他把此茶命名为"兰雪",上市后迅速称雄茶市。一时间,世人趋之若鹜,饮茶者把品兰雪茶视为身份和时尚的象征。这个茶名在前几年的一部热播剧《步步惊心》中出现频率极高,剧中皇子与公主喝的就是日铸雪芽改制后的兰雪茶。

品茶乃文士之雅事,历代多咏茶之作。因日铸茶名闻天下,故自宋以来,历代诗人名士多有吟咏日铸茶的诗篇。

北宋时期著名文学家晁冲之年老病渴之时,喜收日铸名茶,作诗写收到友人所寄日铸茶后的兴奋心情:

陆元钧宰寄日铸茶

我昔不知风雅颂,草木独遗茶比风。

············

老夫病渴手自煎,嗜好悠悠亦从众。
更烦小陆分日注,密封细字蛮奴送。

> 枪旗却忆采撷初，雪花似是云溪动。
> 更期遗我但敲门，玉川无复周公梦。

南宋著名诗人、陆游之师曾几，收到了侄子曾述送来的日铸茶，十分高兴，特作诗写品茗提神的欣喜之情：

述侄饷日铸茶

> 宝胯自不乏，山芽安可无。
> 子能来日铸，吾得且风炉。
> 夏木啭黄鸟，僧窗行白驹。
> 谈多转生睡，此味正时须。

入"三苏"和"唐宋八大家"之列的北宋诗人、散文家苏辙得所赠日铸茶，品之而赞其芽细嫩，毫似白雪，汁类凝酥：

宋城宰韩秉文惠日铸茶

> 君家日铸山前住，冬后茶芽麦粒粗。
> 磨转春雷飞白雪，瓯倾锡水散凝酥。
> 溪山去眼尘生面，簿领埋头汗匝肤。
> 一啜更能分幕府，定应知我俗人无。

南宋著名的爱国主义诗人陆游认为，只有名泉才配冲泡日铸名茶，他把日铸茶与书法神品《兰亭集序》相比，经常细细体味饮茶之乐："嫩白半瓯尝日铸，硬黄一卷学《兰亭》。"在诗中写品灵泉煮日铸茶的情景，不吝文字为日铸茶叫好，诗中"苍鹰爪""故园茶"均指日铸茶：

报国灵泉饮茶

我是江南桑苎家，汲泉闲品故园茶。

只因碧岳苍鹰爪，可压红囊白雪芽。

明末清初著名画家陈洪绶，回忆他当年在西湖游览时听歌女弹琵琶品茗的往事，如今又乞得日铸茶，堪称欣慰之极：

又乞日铸茶

夜月成团日铸茶，曾思湖上拨琵琶。

肯分数片莲翁否？待看西陵白藕华。

茶，是一种优雅的生灵。茶，是一种清心的饮品。"一啜更能分幕府，定应知我俗人无。"

斟满一杯日铸茶，品味古越历史沧桑。

【延伸阅读】

陶庵梦忆·兰雪茶

张岱

日铸者，越王铸剑之地也。茶味棱棱，有金石之气。欧阳永叔曰："两浙之茶，日铸第一。"王龟龄曰："龙山瑞草，日铸雪芽。"日铸名起此。京师茶客，有茶则至，意不在雪芽也，而雪芽利之，一如京茶式，不敢独异。

三娥叔知松萝焙法，取瑞草试之，香扑冽。余曰："瑞草固佳，汉武帝食露盘，无补多欲，日铸茶薮，'牛虽瘠，偾于豚上'也。"遂募歙人入日铸。㧅法、掐法、挪法、撒法、扇法、炒法、焙法、藏法，一如松萝。他泉瀹之，香气不出，煮禊泉，投以小罐，则香太浓郁。杂入茉莉，再三较量，用敞口瓷瓯淡放之，候其冷。以旋滚汤冲泻之，色如竹箨方解，绿粉初匀；又如山窗初曙，透纸黎光。取清妃白，倾向素瓷，真如百茎素兰同雪涛并泻也。雪芽得其色矣，未得其气，余戏呼之"兰雪"。

四五年后，"兰雪茶"一哄如市焉。越之好事者不食松萝，止食兰雪。兰雪则食，以松萝而篡兰雪者亦食，盖松萝贬声价俯就兰雪，从俗也。乃近日徽歙间松萝亦名兰雪，向以松萝名者，封面系换，则又奇矣。

若耶溪畔阳明洞

因为王阳明的名气很大，所以对于阳明洞的记述也五花八门，其中以讹传讹的很多。首先，这阳明洞其实古已有之，前面说过最早的时候叫禹穴，但至少在唐以前，已经有阳明洞的称谓了。唐代著名诗人元稹与好朋友白居易，就在唐长庆四年（824）一起在阳明洞天投过告文，元稹写了诗作《春分投简阳明洞天作》，诗作开头写道："中分春一半，今日半春徂。老惜光阴甚，慵牵兴绪孤。"说是大好春光已经过去一半，诗人自己的岁月也差不多过去了一半，尤其需要珍惜。中间写"禹庙才离郭，陈庄恰半途。石帆何峭峣，龙瑞本萦纡。穴为探符坼，潭因失箭刳。堤形弯熨斗，峰势踊香炉。幢盖迎三洞，烟霞贮一壶。"这几句诗对阳明洞周边的景物做了详细的介绍。最后以"题诗叹城郭，挥手谢妻孥。幸有桃源近，全家肯去无"作结。在前面盛赞阳明洞、若耶溪风光的基础上，说自己很想与全家一起住在这个如同陶渊明笔下的桃花源一样的地方。当时，白居易也写了一首《和微之春日投简阳明洞天五十韵》，和元稹的诗歌不同，白居易的和诗写了很多乡村景物和农家乐事，"乡味珍彭越，时鲜贵鹧鸪"，有笋、鲤鱼、鲜藕，甚至野菜。两人的诗作各有一百句，虽然很长，但读起来却是趣味盎然，俨然是一幅唐代江南的田园风光画卷。

元稹，字微之，别字威明，河南洛阳人，唐朝诗人、文学家。元稹聪明过人，少有才名，贞元九年（793），明经及第，授左拾遗，后进入河中幕府，擢校书郎，迁监察御史，一度拜相，出任同州刺史，入为尚书右丞。大和四年（830），元稹出任武昌军节度使。大和五年（831），元稹去世，时年五十三岁，追赠尚书右仆射。

元稹与白居易同科及第，结为终生诗友，共同倡导新乐府运动，世称"元白"，形成"元和体"。两人的诗词成就巨大，言浅意哀，扣人心扉，动人肺腑。元稹和白居易不仅是诗友，更是棋友，都可谓嗜棋成癖，他们在对弈中所追求的主要是心灵的沟通和情趣的投合。

长庆三年（823），元稹调任浙东观察使兼越州刺史，主要管辖的就是今天的浙江东部，绍兴一带。浙东、浙西最明显的分界线就是钱塘江，杭州在地理位置上主要是属于浙西的，恰好此时白居易任杭州刺史。两人有不少诗艺上的交流，而且各自夸耀自己所在的地方胜于对方。当白居易得知元稹到越州时，就写诗作贺：

元微之除浙东观察使，喜得杭、越邻州，先赠长句

稽山镜水欢游地，犀带金章荣贵身。

官职比君虽校小，封疆与我且为邻。

郡楼对玩千峰月，江界平分两岸春。

杭越风光诗酒主，相看更合与何人。

元稹到绍兴（时称越州）后，住在卧龙山，这是越州府衙所在地，故又称府山。他得意地写了一首诗给白居易，夸自己的新居如何如何好：

以州宅夸于乐天

州城回绕拂云堆，镜水稽山满眼来。

四面常时对屏障，一家终日在楼台。

星河似向檐前落，鼓角惊从地底回。

我是玉皇香案吏，谪居犹得住蓬莱。

仔细品读元稹这首诗，可以发现写得确实不错。为了烘托新居四周的环境，诗人首联就写了云、山、水三种景物。"州城"指的是越州的中心，也就是如今绍兴的越城区；"镜水"指的是绍兴的鉴湖（旧称镜湖）；"稽山"也就是绍兴南部的会稽山。颔联和颈联则是写住在新居的感受：在家中的楼台上，就能看见如屏障般的山岭，晚上又能看着星河流转于檐前，似乎能听到阵阵鼓角声。既然诗题写的是"夸于乐天"，那落笔处自然要夸上一夸。于是诗人索性自比为"玉皇香案吏"，称自己虽然遭到贬谪，所居的地方居然像是蓬莱仙境。白居易收到此诗后，也诗兴大发，于是提笔回了元稹一首诗：

答微之夸越州州宅

贺上人回得报书，大夸州宅似仙居。

厌看冯翊风沙久，喜见兰亭烟景初。

日出旌旗生气色，月明楼阁在空虚。

知君暗数江南郡，除却余杭尽不如。

对于江南美景，白居易一直很是喜欢，还曾写下不少诗作忆江南。诗的首联是指自己收到了书信，也知道元稹觉得自己的新居似仙居，这一联是正常的唱和之语。而到了颔联，画风就有些清奇了。"冯翊"是古代的一个郡，也是元稹上一次任职所在地，所以对于元稹此次乔迁的欣喜，白居易的理解是元稹看厌了冯翊的风沙，于是一来到江南，看到了越州的美景就爱上了它，这一联为后面两联埋下了伏笔。颈联是想象元稹在房子里居住时，能感受到的美好景致，这一联以"日出"对"月明"，不但工整而且一气呵成。最妙的是尾联，此时白居易自己居于杭州，任杭州刺史，所以他这一联的意思无非就是："你越州虽好，但我还是要告诉你，在这江南最好的仍是杭州。"

元稹不肯服输，于是再次夸了越州：

重夸州宅旦暮景色，兼酬前篇末句

仙都难画亦难书，暂合登临不合居。

绕郭烟岚新雨后，满山楼阁上灯初。

人声晓动千门辟，湖色宵涵万象虚。

为问西州罗刹岸，涛头冲突近何如。

白居易自然也不服气，作诗以对：

答微之见寄时在郡楼对雪

可怜风景浙东西，先数余杭次会稽。

禹庙未胜天竺寺，钱湖不羡若耶溪。

摆尘野鹤春毛暖，拍水沙鸥湿翅低。

更对雪楼君爱否，红栏碧甃点银泥。

由于两人各为其州，相继互夸，这笔墨官司打得煞是有趣。平心而论，这越州与杭州的风光确实都很不错，各有特色，一时难分伯仲。

回过头来再说这阳明洞。唐咸通年间，诗人唐彦谦来越州探迹阳明洞，也留下来一首诗：

游阳明洞呈王理得诸君

禹穴苍茫不可探，人传灵笈锁烟岚。

初晴鹤点青边嶂，欲雨龙移黑处潭。

北半斋坛天寂寂，东风仙洞草毿毿。

堪怜尹叟非关吏，犹向江南逐老聃。

唐彦谦，字茂业，号鹿门先生，并州晋阳（今山西太原）人。他才高负气，以博学多艺闻名乡里。《旧唐书·唐彦谦传》说他"尤能七言诗，少时师温庭筠，故文格类之"。他于咸通末年考中进士，终官阆州刺史。他在入仕前曾游浙东，这就是他在越州写的。从诗中可以很清楚地看到，这"阳明洞"就是古时候的禹穴，也就是传说大禹得到金简之书的地方，"灵笈"指的就是《石匮书》，"鹤"指射的山。"尹叟"指周函谷关的关令尹喜，借指仰慕有道高士的人。"老聃"即老子。传说尹喜为函谷关关令时见东方有紫气西迈，知有圣人将至，于是他拦住老子，强行留下了《道德经》。这里诗人说自己仰慕高人，虽然没有像尹喜那样当守关的官员，但还是想在江南寻访到像老子一样的圣人。

王阳明与阳明洞

阳明洞最早就叫禹穴，后来才叫阳明洞，当然它与王阳明也是有关系的。王阳明，名云，又名守仁，字伯安，是我国明代著名的哲学家、教育家、政治家、军事家、书法家和诗人，是朱熹后的另一位大儒，"心学"流派最重要的大师。他的一生有着独特的经历，兼有立德、立功、立言的特点，被后世学者称为封建时代的完人。他的影响不仅限于当时，而且延及后世；不仅在中国，而且在世界各地，特别是在日本、韩国和东南亚都有着广泛的影响。

王守仁出生的这一年是明朝成化八年（1472），他生于浙江余姚，余姚历史上属绍兴府。明朝成化十七年（1481），王守仁十岁，他的父亲王华中了状元。王家在王守仁十岁前已迁至绍兴府山阴县（今绍兴市越城区），住东光坊。第二年，也就是公元1482年，王守仁随祖父到了北京，与父亲同住。弘治十二年（1499），二十八岁的王守仁中进士，在京城当小官。

弘治十五年（1502），三十一岁的王守仁因病归绍兴。多年来王守仁和道士始终有来往，也从他们那听说了些养生之道，他便结庐道教圣地阳明洞进一步探究道教的奥秘。阳明洞即阳明洞天，在绍兴城南会稽山脉的宛委山，《旧经》云："道家（三十六洞天）之十一洞天也，一名极上太元之天。"王守仁在洞旁结庐息交绝游，冥思苦索，十分勤勉地按照道教的方法修身养性，并练习导引术。这个导引术也就是一种道家养生的办法，讲究导气养性，从求长生。后来王守仁终究觉悟，渐悟佛道二氏之非："此簸弄精神，非道也。"从而开始悟"心学"之理，于是便离洞而去。这就是王阳明的第一次悟道，也就是人们常说的"阳明悟道"。阳明洞是王守仁学术的起点，为了纪念这段有意义的生活，王守仁便取号为"阳明"，世称"阳明子""阳明先生"，并将他的哲学称为"阳明哲学"。

　　正德年间，宦官刘瑾把持朝政，矫旨将言官戴铣等二十余人打入大牢，王阳明仗义执言，上书营救，被廷杖四十，贬到贵州龙场驿（今贵州修文）做驿丞。他在附近的龙岗山上发现一个山洞，即龙岗古洞，时称东洞。因为怀念绍兴的阳明洞，于是就把它命名为"小阳明"。他在这里

春游踏山

提出了"心即理"说，这就是所谓"龙场悟道"，也就是王阳明的第二次悟道。现在好多人指鹿为马，把东洞说成阳明洞，这是大谬不然了。

若耶溪是前往阳明洞的必经之路，王阳明在阳明洞旁结庐悟道时，虽然他不主动与人交往，但由于他的人格魅力，还是经常会有人坐着船经由若耶溪来看望他。他留下两首诗分别记录了两次来访。

先看王阳明的第一首诗：

别友诗

千里来游小洞天，春风无计挽归船。

柳花缭乱飞寒白，何异山阴雪后天。

□年来访予阳明洞天，其归也，赋首尾韵，以见别意。弘治甲子四月朔，阳明山人王守仁书。

诗见王阳明手迹扇面纸本，湖北省博物馆藏，据计文渊编《王阳明法书集》移录。弘治十五年（1502）八月，王阳明疏请告归，筑室阳明洞中，行导引术。第二年，王阳明来到杭州。弘治十七年（1504），他在京师担任山东乡试主考官。故知此诗当作于王阳明离开杭州赴京师之前。落款的"□年"，肯定是阳明先生的挚友，否则不会从千里之外来看望他。"年"前一字，好多人都无法确认，暂时存疑。相信随着研究的深入，应该会大白于天下，因为此人不会是寂寂无闻之辈。诗歌浅显易懂不难理解，它也可以证明，当年王阳明来阳明洞主要是从若耶溪坐船过来的。

第三、四两句其实蕴含另一层意思，那是绍兴一位才女的故事：谢道韫的叔叔谢安问孩子们，这纷纷的白雪像什么？其中一个人说这雪就好像在空中撒盐一样。可是谢道韫思考了一番后回答说，这雪就好像柳絮被风吹得漫天飞舞一般。谢道韫的这一比喻也成了一段佳话，被后来的文人墨客所称道。记得有人写文章说绍兴有"五女"：美女西施、孝女曹娥、才女唐婉、情女祝英台、侠女秋瑾。我其实大不以为然。说唐婉是才女，其实只是猜测，她没有留下一点作品，和陆游的《钗头凤》也是后人伪托；说情女还差强人意，说才女则是凭空虚构。谢道韫却是出类拔萃的才女，而且据说当时还只是个小孩子。

回过来说阳明先生，他写诗将春天的柳絮比作山阴雪后天时，肯定会想到谢道韫的故事，博学犹如阳明者，不会不知道这一典故的。

再说他的另一首诗：

若耶溪送友诗

若耶溪上雨初歇，若耶溪边船欲发。
杨枝袅袅风乍晴，杨花漫漫如雪白。
湖山满眼不可将，画手凭谁写清绝。
金樽绿酒照玄发，送君暂作沙头别。
长风破浪下吴越，飞帆夜渡钱塘月。
遥指扶桑向溟渤，翠水金城见丹阙。
绛气扶疏藏兀突，中有清虚广寒窟。
冷光莹射精魂慄，云梯万丈凌风蹑。
玉宫桂树秋正馥，最上高枝堪手折。
携向彤墀献天子，金匮琅函贮芳烈。

内兄诸用冕惟奇负艺，不平于公道者久矣。今年将赴南都试，予别之耶溪之上，固知其高捷北辕，不久当会于都下。然而缱绻之情自有不容已也。越山农邹鲁英为写耶溪别意，予因诗以送之。属冗不及长歌，俟其对榻垣南草堂，尚当为君和鹿鸣之歌也。弘治甲子又四月望，阳明山人王阳明书于西清轩。垣南草堂，予都下寓舍也。

　　王阳明岳父诸让（字养和）有五子，絃、弦、缉、经、绣（庶）。诸絃是老大，字用冕，号春山，这时将要去南京会试，阳明先生自然要预祝他中试，并期待在北京相聚。垣南草堂是阳明先生的父亲在京师的寓舍，父子同朝为官。

　　这首诗也补充了阳明门人所编年谱之不足。因为年谱说"弘治甲子年，先生三十三岁，在京师，主山东乡试"，过于简略。其实，是年上半年还在绍兴，这西清轩可能就在他绍兴的家中。这段时间，阳明先生应该是对书法很感兴趣，把早年作于若耶溪阳明洞的诗重写了一遍，一件写于月初一，一件写于月半。这一阶段他的墨宝显然有不少，只是留下来的只有这两件。

　　当然也有不少其他书法作品流传了下来。正是这些作品，使我们能够得见王阳明的书法，他的书法确实相当不错，只是由于他的心学、军事等方面的名气太大，一定程度上遮盖了他的书法造诣。明代徐渭称王阳明书法"古人论右军以书掩其人，新建先生（王阳明）乃不然，以人掩其书，今睹兹墨迹非不翩翩然凤翥而龙蟠也"。曾经出资整修王阳明墓的国际阳明学大师、日本九州大学名誉教授冈田武彦称王阳明书法"骨挺神骏，笔势飘逸，流畅清丽，有弘毅峻拔飘逸之气象"。王阳明不仅是思想家，还是明代杰出的书法家。王阳明这位大神级的人物，立德、立功、立言三不朽全占了，感觉没有他不会的。他的书法也是一流。他说自己学书法的时候每次下笔前都要在心里模拟，可见他之所以能开创心学绝非巧合。王阳明曾对别人说，自己初学书法，也是对临古帖，摹其字形，总觉不得其法，后来"举笔不轻落纸，凝思静虑，拟形于心，久之始通其法"。

　　绍兴历史上有两个王姓的名人：王羲之书掩其人，他的书法好到让人忘了他的人品也是极佳的；阳明先生人掩其书，他的人品极佳，好到让人忘了他的字也是完美的。

后来朝廷追录王阳明平叛之功，提拔他为南京兵部尚书，王阳明没有赴任，告假省亲。后封王阳明为"新建伯"，赐建"新建伯府第"（今绍兴市越城区北海街道王衙池、王衙弄一带），规模相当大。经考古证实，位于越城区北海街道王阳明故居前的碧霞池，以前池上有座桥，名叫天泉桥，就是当年王阳明"天泉证道"之地。

第四篇

家国情怀

花浪腾棱相国风

古往今来，若耶溪上到过数不清的名人，其中有一个名人十分有趣，他的故事相当励志，这里的许多地方都留下了他的传说，他是土生土长的若耶溪边人，他就是东汉的郑弘。

《古今图书集成·山川典》卷二百九十四引《越州记》："越若耶溪，古欧冶子铸剑之所。汉郑弘米薪，得一遗箭，顷之，有人觅箭，弘与之。问弘何所欲，弘知其非常，曰：'患若耶溪载薪为难，愿朝南风，暮北风。'后果然。世号其舟所经行处为樵风迳，其风至今犹然。" 郑弘，汉明帝时人，《后汉书》有传。鲁迅《会稽郡故书杂集》辑孔灵符《会稽记》亦记其事，云"若耶溪风至今犹然，呼为'郑公风'也"。

传说郑弘家里比较穷，小时候就在若耶溪边的会稽山上打柴，他住的村子就叫"樵坞村"，这个村子现在还在。有一天他在砍柴时拾到一支箭，十分精致。接着就有人来寻找这箭，郑弘毫不犹豫地把箭归还于他。这人是仙人，本来是有仙鹤为他拾箭的，这天不知因何缘故，仙鹤没有跟来。接着此人就问郑弘："你有什么愿望？我可以帮你实现。"郑弘回答说："我常常担忧在若耶溪上用船载柴很困难，所以很希望早晨吹南风，傍晚吹北风。"后来这若耶溪上果然是"朝南风，暮北风"，因此，这里就被人称作"樵风泾"。于是当地人都借了郑弘的光，大家也把这樵风称为"郑公风"，后人为了纪念郑弘，这里还特地建了一个樵风祠。樵风泾旁边有座山叫箭羽山，又叫白鹤山。

元代的韩性就有诗记述过这件事：

樵风庙

朝南暮北樵风泾，遗庙千年尚乞灵。

山叟不知如许事，闭门新注相牛经。

若耶溪

风向"朝南暮北"是自然现象，或者说是这里独特的地理环境使然，因为现象奇特，所以老百姓就把它依附到名人身上，也很有趣。

关于郑弘，《后汉书》有记载：郑弘，字巨君，会稽山阴人。郑弘年轻时在乡里当里长之类的小官，太守第五伦下乡去，看到郑弘做事很得体，就召他做督邮，举孝廉。

若耶溪又叫沉酿川，这也与郑弘有关。《嘉泰会稽志》云："沉酿埭，在县南二十五里，若耶溪东。"《十道志》云："郑弘举送赴洛，亲友饯于此。以钱投水，依价量水饮之，各醉而去。一名沉酿川。"苏鹗《演义》云："郑弘官京洛，未至，宿一埭，名沉酿。弘投钱水中劝酬，饮尽，多酣畅，皆得大醉，更名为沉酿泉。"这与《十道志》所载有所不同。

《十道志》的记载说的是，郑弘举孝廉赴洛阳时，亲友们到若耶溪边给郑弘送别饯行，带来的酒喝完了，就把钱投到若耶溪中，按酒价量水饮之，溪水居然喝出了酒的味道，众人都喝得酩酊大醉。所以这若耶溪就有了"沉酿川"的别名。

北宋的华镇，也是会稽人，十分喜爱若耶溪，自号"云溪居士"，著有《云溪居士集》。他有诗写到郑弘，他的诗歌也同样可以证明云溪与若耶溪其实是同一条溪流：

五云溪

徐季海曰："曾子不入胜母之间，吾岂泛若耶之溪？"由是目之为五云，今亦曰徐浩。五云发源于云门，其流达于樵风迳。湖山之间，此为奇绝。

万壑千岩秀气钟，鸣琴漱玉晓玲珑。

瑞云重叠中书馆，花浪腾棱相国风。

郑公泉

郑太尉弘若耶山居，有美泉，雅嗜其味。尝有疾，药石不能愈，家人取山泉饮之即愈。山泉非攻病之良药，其美不称于三公之奉，饮之而疾愈者，常性素好，不为富贵移也。郑公之所养，在富贵当何如哉？

溪上清泉玉色寒，临泉蹋尽石苔斑。

为怜北阙乘轩客，白首高情在旧山。

清朝道光年间绍兴人周晋鑅游吴时间长了，有《越中百咏》思念：

沉酿川

骊歌声里饮中流，醉态婆娑古渡头。

钱似当年刘守选，醪曾此地越王投。

聊将勺水酬离席，自有樵风送客舟。

他日洛阳还渴想，清泉满瓮递星邮。

过了几十年，清光绪时候，有张桂臣也写了《越中名胜百咏》，其中就有诗写沉酿川：

沉酿川

赴洛骊驹一曲传，亲朋无酒醉湖边。

入山已谢仙人箭，投水还输太尉钱。

十里春波开祖帐，半江新涨厂离筵。

郑公此去孤帆稳，犹有樵风送客船。

关于郑公泉，还有一种说法。《舆地志》云："弘虽居台辅，常思故居。曾病困思得此泉，家人驰取，饮少许便差。"

这种说法比较符合实际，游宦在外，想念家乡，喝家乡水以解思乡之情。当然，以水代酒比较浪漫，也更能说明郑弘的清廉。传说总是传说，不必较真。

郑弘曾拜焦贶为师，后焦贶牵连到一件谋反案中被收捕，因为楚王谋反时，曾有书信涉及焦贶。流放路上焦贶因病亡故，其妻儿被关进监狱。焦贶的学生、好友害怕牵连到自己，都改名换姓，唯有郑弘剃了光头，带铁锁到殿上去为老师辩解。汉明帝知道了这是个错案，于是赦免焦贶家属，郑弘因此名声大显。

建初八年（83），郑弘代郑众为大司农。旧交趾七郡贡献物品转运，都从东冶泛海而至，风波艰阻，时常发生沉没。郑弘奏开通零陵、桂阳山道，于是山道被拓宽夷平，成为以后的通道。郑弘在职二年，所节约的资财甚多。当时"天下遭旱，边方有警，人食不足，而帑藏殷积"。郑弘又奏应省贡献，减徭费，以利饥民。皇帝采纳了他的建议。

由于为官清正，处事得当，郑弘的官也越做越大，一直做到太尉。东汉皇帝下面就是太尉、司徒和司空，并称"三公"，相当于后来的宰相。当时他的恩人第五伦为司空，位次排在郑弘之下。"每正朔朝见，弘曲躬而自卑"，汉章帝刘炟弄清事情之原委后，在朝廷上设立了一个云母屏风，将郑弘与第五伦隔开，由此成了一种制度。

郑弘担任太尉第四年，上奏尚书张林阿谀附和侍中窦宪，素行藏污纳秽，又上奏窦宪的宾客、洛阳令杨光，做官贪婪残暴，不适合目前所担任的官职。书奏上去，掌管奏书的官吏与杨光是故旧，因而告诉了杨光。杨光报告窦宪，于是窦宪上奏郑弘身为大臣却泄露机密。皇帝责备郑弘，收回印绶。郑弘自己到廷尉那里请罪，皇帝诏令他离去，郑弘就请求退职，但没能获得皇帝准许。后来郑弘病重，上书向皇帝表达谢意，并说明了窦宪的短处。皇帝看了奏章，派医生给郑弘看病，等医生到时，郑弘已经病逝。郑弘临死前将皇帝赏赐给他的东西全部归还，让妻子儿女以褐巾、布衣、素棺为他殡殓，以还乡里。

历朝历代的文人对高风亮节的郑弘很是仰慕，写诗纪念的也很多，如唐代的孟浩然：

与崔二十一游镜湖，寄包、贺二公

试览镜湖物，中流到底清。

不知鲈鱼味，但识鸥鸟情。

帆得樵风送，春逢谷雨晴。

将探夏禹穴，稍背越王城。

府掾有包子，文章推贺生。

沧浪醉后唱，因此寄同声。

这里提到"帆得樵风送"，就指郑弘的传说。南宋的陆游写若耶溪的事就更多了，其中当然也有几首写樵风泾的，如：

斋中杂兴

闲居寂无客，柴门昼常关。

孤舟小于叶，放浪烟水间。

树暗杨梅村，露下白莲湾。

钓鱼樵风泾，买酒石帆山。

向来支许辈，恐亦无此闲。

道逢若耶叟，握手开苍颜。

再附一首清代周大枢的七律：

樵泾

郑公混迹此泉林，樵客千秋思不禁。

风便果能随棹转，舟行何惮入溪深。

云间白鹤自来往，海上仙人无古今。

遗箭若还重拾得，每逢旱岁乞甘霖。

周大枢，清代浙江山阴人，字元木，一字元牧，是乾隆十七年
（1752）的举人。他幼时就工于诗词，与同里胡天游齐名。乾隆元年
（1736）推选学鸿词未中。后以经学荐于乡，官做到平湖教谕。著作有
《居易堂稿》《存吾春轩诗钞》等。周大枢的诗歌比较易懂，说郑弘当
年要求仙人"朝南风，暮北风"，千百年来这里的樵夫还在感激他。

山重水复疑无路

唐代诗人来云门寺十分频繁，宋代也是如此，其中有一个人与云门寺的关系尤其密切，这就是著名诗人陆游。陆游的诗歌写若耶溪和云门寺，数量之多，当数古诗之最。

原因其实很简单，因为陆游青少年时期就住在云门山，我们可以从陆游的不少诗、文中得到进一步的证实。他自己就说过："臣某少时与胡尚书之子杞，同学于云门山中。"他在《云门寺寿圣院记》中就这样写道："然忆为儿时往来山中，今三十年。屋益古，竹树益苍老，而物色益幽奇，予亦有白发久矣。"陆游有诗《送梁谏议》记述："篮舆避暑云门寺，应过幽居听水声。"诗下自注："游有庵居在云门，流泉绕屋。"这里讲的都是在云门山中的事。

当然，最能说明问题的就是陆游那首脍炙人口的诗歌：

游山西村

莫笑农家腊酒浑，丰年留客足鸡豚。

山重水复疑无路，柳暗花明又一村。

箫鼓追随春社近，衣冠简朴古风存。

从今若许闲乘月，拄杖无时夜叩门。

只是对于这首诗的自然背景，好多注本说法都不是最正确的。有的说是在鉴湖附近，有的则直指为三山（石堰山、行宫山、韩家山），而创作时间都说是乾道三年（1167）。

但这类说法很难成立。我们先从全诗看：这首书写江南农村日常生活的诗篇，题材比较普通，不同的是立意新巧，采用白描手法，不用华丽的辞藻，而自然成趣。诗人紧扣住诗题"游"字，但又不具体描写游村的过程，而是剪取游村的片断见闻，通过每联一个层次的刻画来体现。开头写诗人出游到山西村，接下来写村外之景物，说明远离喧嚣，

柳暗花明又一村

有点"桃花源"的味道，再写村中的风俗，结尾写作者对这种淳朴环境的欣赏。诗歌以游村贯穿，并把秀丽的山村自然风光与淳朴的村民习俗和谐地统一在完整的画面上，构成了优美的意境和恬淡、隽永的格调。而颔联在写景中寓含哲理，成为千古名句。

诗虽含哲理，但它首先是写景诗，真切而生动地描绘了深山野墺里的山村风光，记录了桃花源式的山乡风俗。从末两句看，这山西村离陆游家并不远。这首诗收在陆游的《剑南诗稿》卷一中，这本诗集是编年的。从陆游的《跋诗稿》看，卷一的诗歌全部写在宋乾道二年（1166）前。乾道三年（1167），陆游被弹劾，罢官后，才开始在鉴湖三山择地造屋："曩得京口俸，始卜湖边居。屋才十许间，岁久亦倍初。" 但造好后入住就又要过好多年了。

到过绍兴的人都知道，所谓"鉴湖三山"只不过是三座高二三十米的小土丘而已，附近并无"山重水复"之景。正像陆游住三山后说的："我居山阴古大泽，四顾茫茫烟水白。" 而且三山离城只不过七里路，衣冠显然随俗，决不会保留着简朴的古风。

而云门在会稽城南三十里，为古会稽的著名胜迹。若耶溪等许多溪泉即源于此，旁边还有秦望山、宛委山、日铸岭、石棋山、陶山等崇山峻岭。陆游祖父陆佃就把自己的文集命名为《陶山集》，陆游父陆宰现存唯一的一首诗《云门小隐》， 也是写居地附近的云门景色。云门锦峰秀壑，溪环泉绕，真像陆游在《云门寺寿圣院记》中所说的："修竹老木，怪藤丑石，交覆而角立。破崖绝涧，奔泉迅流，喊呀而喷薄。"故"山重水复"两句乃陆游触景生情之作，实在也是云门环境的真实描写。而且云门正是绍兴人所谓的深山野墺，山民衣饰较为简朴，亦更多地保存古风，正合诗意。

即使后来陆游住到三山，他还是将自己的书堂设在云门。他的《山中作》云："故巢光景还如此，为底淹留白发生。"下自注："余书堂在云门寺西。" 到五十几岁，陆游又在云门寺旁另建屋宇。其时作《有感》："已卜一庵鹅鼻谷，可无芝术疗朝饥？"下自注："鹅鼻谷在秦望山，秦刻石之所，崖岭巉峻。" 所以尽管云门离鉴湖三山有四十里之遥，但陆游还是通过若耶溪经常往来云门。通观陆游全部诗作，描写云门的诗比比皆是。直到他八十三岁，还旧地重游，来云门登高爬山。故陆游《游山西村》以云门为背景并非偶然之事。

淳熙五年（1178）秋，陆游五十四岁时，从四川调福建，中途归故乡。欣然写下了《归云门》："万里归来值岁丰，解装乡墅乐无穷，甑炊饱雨湖菱紫，筬络迎霜野柿红。坏壁尘埃寻醉墨，孤灯饼饵对邻翁，微官行矣闽山去，又寄千岩梦想中。" 这里的"千岩"实有"山重"之意。诗中一个"归"字，道出了作者与云门的特殊关系。仕宦途中解装返回故居乡墅，秋来菱紫柿红，深夜挑灯与邻翁叙旧。全诗活像是《游山西村》的姐妹篇，很有点"拄杖无时夜叩门"的味道。

自南北朝直至宣统三年（1911），如今的绍兴一直分为山阴和会稽两县。五云乡之云门属会稽县，所以陆游《游山西村》一诗的背景是会稽县五云乡之云门。

陆游故居在云门山，还可以从另一个侧面窥见端倪。陆家是著名的藏书大家。宋高宗在绍兴年间，下诏求天下遗书，首先就命绍兴府把陆宰家的藏书开单上报，计有一万三千卷之多。在这以前，建炎四年（1130），金兵追赶康王，曾在山阴烧、杀、抢、掠，而陆家的藏书能完好地保存下来，这不能不归功于陆家故居在远离城市的云门山中。陆游经常去四十里外的云门故居。即便在外出做官时，他也有许多诗作回忆云门的风景和往事，记录这一情况的诗篇在《剑南诗稿》中比比皆是（粗略地统计了一下，直接提到云门及附近山水的诗句有一百二十多处）。

云门不但景色秀丽，而且建有许多寺庙、道观。这对陆游的思想也有一定的影响。陆游的基本思想是传统的儒家思想，但也杂有道家和神仙家的色彩，这在他的作品，特别是早期作品中有不少反映，并且影响了他的生活。陆游常常去寺庙中游览、寄宿，并喜欢结交道士、和尚。这和他在云门山的生活环境不无一定联系。

陆游，或者说陆家当年去云门其实交通还是比较方便的，这从陆游的诗作中就可以知道。他晚年写过一首诗记载当年的情况：

五云桥

往时镜湖陂防不废，则若耶溪水常满，可行大舟至云门。此桥本跨溪上，今乃在平陆矣。

若耶北与镜湖通，缥缈飞桥跨半空。

陵谷变迁谁复识？我来徙倚暮烟中。

在当时镜湖的堤坝没有废弃的时候，镜湖和若耶溪的水位很高，所以若耶溪也叫"平水江"，连大船都可以直接到达云门，而且上午若耶溪上刮的是南风，即便逆水而上，也很便捷。陆家当年住在云门，确实也很方便。

这里必须提一下镜湖，相传黄帝铸镜于此而得名。北宋开国皇帝赵匡胤的祖父名赵敬，"敬""镜"同音，遂将"镜湖"改名为"鉴湖"，鉴湖还有长湖、庆湖、贺家湖、贺鉴湖等别名。东汉永和五年（140），会稽太守马臻发动民工，筑堤蓄水，将许多小湖汇成一个大湖，灌溉农田九千余顷，北边的湖堤又可以拦截钱塘江潮水的入侵，

冢斜永兴庙

成为江南古代最大的水利工程之一，使会稽成为鱼米之乡。相传鉴湖有三十六源，其中最主要的源流就是若耶溪。南宋时，北方一些大族南迁，开始围湖改农田，鉴湖的水利功能受到了严重的破坏，这一史实在陆游的这首诗里得到了证实。

最为典型的当然是作于高宗绍兴二十五年（1155）秋的《夜读兵书》诗，陆游时年三十一岁：

孤灯耿霜夕，穷山读兵书。

平生万里心，执戈王前驱。

战死士所有，耻复守妻孥。

成功亦邂逅，逆料政自疏。

陂泽号饥鸿，岁月欺贫儒。

叹息镜中面，安得长肤腴？

张元忭《云门志略》录有陆宰《云门小隐》诗：

> 冉冉溪流十里长，上方钟鼓度榕篁。
> 烟霞已属维摩诘，岩壑徒夸顾长康。
> 舟逐泉飞苔渍井，笔随人化草迷仓。
> 昙花经叶金圆寂，一炷檀熏夜未央。

陆游祖父陆佃是王安石富国强兵新学的传播者，父亲陆宰与投降派势不两立，他们都富有爱国思想，对陆游影响很大。陆宰受投降派排挤后，奉祠家居，但仍深切关心国事，与士大夫中的主战派多有往来。他们慷慨激昂的交谈，忧国忧民的情绪，无不给少小的陆游以深刻的影响。

"一时贤公卿与先君游者，每言及高庙盗环之寇，乾陵斧柏之忧，未尝不相与流涕哀恸，虽设食，率不下咽引去。先君归，亦不复食也。""绍兴初，某甫成童，亲见当时士大夫，相与言及国事，或裂眦嚼齿，或流涕痛哭，人人自期以杀身翊戴王室。虽丑裔方张，视之蔑如也。"其中给陆游留下深刻印象的有傅崧卿、李光等人。傅崧卿是"每言虏、言畔臣，必愤然扼腕裂眦，有不与俱生之意。士大夫稍有退缩者，辄正色责之若仇"。而关于家居新河的李光，陆游在《老学庵笔记》中记述他"每言及时事，往往愤切兴叹"，特别痛恨卖国贼秦桧，称之为"咸阳"。除了这些父辈的言行熏陶外，家中还常常把陆游幼时流离兵间和逃难东阳的事情讲给他听，这段经历在他以后的诗文中常有提及，更增添了他对金朝入侵者的仇恨。

这些往事应该也都是发生在云门。

一树梅花一放翁

陆游写若耶溪的诗歌数以百计，当然，陆游经过若耶溪的次数就更多了。其中，有几首诗歌不光写若耶溪，还写了溪边的梅花：

射的山观梅

（其一）

射的山前雨垫巾，篱边初见一枝新。

照溪尽洗骄春意，倚竹真成绝代人。

餐玉元知非火食，化衣应笑走京尘。

即今画史无名手，试把清诗当写真。

（其二）

凌厉冰霜节愈坚，人间乃有此癯仙。

坐收国士无双价，独立东皇太一前。

此去幽寻应尽日，向来别恨动经年。

花中竟是谁流辈？欲许芳兰恐未然。

诗有两首，第一首是白描写真，写出了梅花的清丽脱俗，很容易懂。但对第二首就要多说几句了。作者歌颂梅花，如同高洁的隐士，不为外界所动，在风雪严寒面前傲雪凌霜，志愈坚。在众多的花卉中，首屈一指，可以鹤立于司花的青帝面前，就连"王者之香"的兰花也不能与之媲美。

梅在中国文学作品中出现得很早，《诗经·召南》中就有《摽有梅》篇，还有"鸤鸠在桑，其子在梅"这样的诗句，但早期的描写，还没有寓入后来的人文精神。直到南朝梁何逊的《咏早梅》："兔园标物序，惊时最是梅。衔霜当路发，映雪拟寒开。" 作者以司马相如自喻，借咏梅来表现自己坚定的情操和高远的志向，从此时开始，文人对梅的赏析，已经不仅仅局限在形，而开始进入它的神。唐代的张九龄有《庭梅咏》，诗云："芳意何能早，孤荣亦自危。更怜花蒂弱，不受岁寒移。朝雪那相妒，阴风已屡吹。馨香虽尚尔，飘荡复谁知。"缘情体物，寄托遥深，则更进了一步。此诗写孤危的庭梅，在岁寒风雪之中，美好的馨香如故，借以寄喻作者立身处世的大节；然忧谗畏讥，自伤漂泊，情怀亦可哀矣。但总体来讲，唐代的咏梅诗像张九龄这样的作品相当少，即便在北宋，像林和靖这样对梅爱之入骨，甚至博得"梅妻鹤子"称誉的文人，他有的也只是对梅的欣赏与推崇。

但到了陆放翁这里，他对梅的赞誉与理解显然超乎前人，因为，他把自己与高雅、坚贞、清净、脱俗的梅花融为一体了。他将梅花作为一种精神的载体来倾情歌颂和自况，将其升华为"无意苦争春，一任群芳妒"的超凡独立的高士。这已经不是一般文人对外物的喜爱，而是从客观欣赏发展到了主观自恋，因为他将自己与梅花融为一体了。在陆游心中，他自己的行事处世，自己的品性人格，自己的清傲追求，与梅花是不谋而合的，两者在本质上十分契合，梅花的高洁与坚毅，已经成为诗人的写照。正是这种坚毅，使陆游"零落成泥碾作尘"，也能"香如故"。即使受到冷嘲热讽、高压打击，但诗人抗击侵略者的决心不变，主战的初衷不改，收复祖国山河的意志从来没有动摇。陆游在梅花不与俗花同流合污，粉身碎骨香韵依旧中，看到自己的影子。他从梅花中看到了自己，梅的高风亮节，梅的桀骜不驯，梅的卓尔不群，梅的孤芳自赏，梅的坚贞不屈与芳香如故都与自己何其相似。

在这一点上，陆游与在他之前的文人有些不同，他们当然认为梅的风骨中有自己的影子，他们也认为"梅如我，我如梅"，但他们更多的是将它作为朋友来交往，作为君子来钦慕，作为标杆来仿效。

陆游为人疏放，不拘礼法，生活浪漫，少有节制。尽管他有时也会吟些"孟子辟杨墨，吾道方粲然""士生学六经，是为圣人徒"的诗，但坎坷的身世、怀才不遇的处境使他常沉湎于酒肆歌楼之中，甚至有狎妓、娶尼之说，以至于他先后因 "燕饮颓放""嘲咏风月"而被参罢官，陆游亦因此而自号"放翁"。这落拓不羁的处世行事作风显然与高谈义理、主张修身养性的道学家观点完全相悖。宋是理学兴盛的时代，这些人甚至将抒情写景的诗歌也看作玩物丧志之举。而陆游除创作大量进步的爱国诗篇外，时而也有些歌风吟月之作：他既有"人生贵适意，富贵安可苟""非关傲尘世，聊欲遂吾初"这样玩世不恭、放纵不拘的吟唱；又有"百年略似梦长短""浮生触处无真实，岂独南柯是梦中"那样世事无常、人生如梦思想的流露。这在主张"存天理，灭人欲"的理学家们看来，实在有些不顺眼了。所以他"无意苦争春，一任群芳妒"。当然，陆游最为突出的一点，就是无论时局有多少变化、朝中主政者的倾向如何，他立志抗金复国的意志丝毫没有动摇。陆游六十八岁时曾写下《十一月四日风雨大作》，在八十多岁时还唱出"一闻战鼓意气生，犹能为国平燕赵"那样昂扬的调子，还有临终留下的《示儿》，都可以看出他至老不衰、死而未已的爱国主义精神。这也正应了"零落成泥碾作尘，只有香如故"的坚贞不屈。

　　陆游在许多诗词和笔记里，都提到自己论兵说剑和将略诗情，真正实现投笔从戎的愿望，则是陆游到达汉中后的事。他到汉中时，已

日色朦胧

经四十七岁了。在此之前，他只是一介书生和文士。入仕以后，担任的也是文职，虽然他不断提出北伐抗敌的主张，但从未有过军营的经历。他身份的转换是在南郑实现的，那时他被枢密使王炎辟为四川宣抚使司干办公事兼检法官。这是"天资慷慨，喜任侠，常以踞鞍草檄自任"的陆游第一次进入军营体验戎马生涯。尽管他很早就立下了报效祖国的意愿："上马击狂胡，下马草军书。"但真正骑上战马却已经年近半百了。

当时他直接参加了西南的抗金军事斗争。陆游到南郑后，在参知政事、四川宣抚使王炎幕府为官。王炎也是一个主战派，因此陆游和王炎正像他在《怀南郑旧游》诗中说的，"宾主相期意气中"。当时陆游积极地为战争做准备，并提出了许多有益的建议。可惜南宋的主战派大多没有什么好下场，王炎也很快被调离，不久又受到不公正的待遇。但陆游对王炎的知遇之恩还是铭感在心的，以后在诗中常常提及。

也就是在他返回蜀中这一段时间，陆游的咏梅诗多了起来，数量之多，也超过了平时："冷淡合教闲处著，清癯难遣俗人看"；"浅颦常鄙桃李学，独立不容莺蝶觇"；"高标不合尘凡有，尤物真穷造化工"；"高标已压万花群，尚恐娇春习气存"；"精神最遇雪月见，气力苦战冰霜开"；"苦节雪中逢汉使，高标泽畔见湘累"；"放翁年来百事惰，唯见梅花愁欲破"；"梅花如高人，枯槁道愈尊。君看在空谷，岂比倚市门"……这些诗分明已不是单纯的咏梅，都是人格化的梅，简直就是陆游自己的写照。正如他的《梅花绝句》里写的："何方可化身千亿，一树梅花一放翁。" 特别是他的词《卜算子·咏梅》，可谓是陆游咏梅文创的极致：

驿外断桥边，寂寞开无主。已是黄昏独自愁，更著风和雨。

无意苦争春，一任群芳妒。零落成泥碾作尘，只有香如故。

　　这首词根本就是在为自己画像，词人以刻画梅的凄苦来宣泄胸中抑郁，感叹人生的失意坎坷；同时以赞颂梅的精神表达无悔的信仰，以及对自己爱国情操及高洁人格的自许。词的上半阕着力渲染梅的落寞凄清、饱受风雨之苦。陆游曾经称赞梅花"雪虐风饕愈凛然，花中气节最高坚"。梅花如此清幽绝俗，出于众花之上，却无人欣赏，亦即无人理解。如果说上阕还是双关的话，下阕基本上就是自况了。陆游无意在官场竞争，但还是受到卑劣小人的诋毁，当然他不愿也不屑与这些阿谀之徒为伍。末句就是词的高潮，词人坚定地表示，无论如何，即便有再多艰难险阻，他的初衷也绝不会改变。正像卓人月在《词统》中说的，此词"末句想见劲节"。

　　难怪陆游在若耶溪边要寻觅梅花，歌颂梅花"凌厉冰霜节愈坚"了。

会稽亭上秋观雨

宋代著名词人辛弃疾也有一首写若耶溪的词，写得酣畅淋漓，确实不愧为豪放派词人。全词如下：

汉宫春·会稽蓬莱阁怀古

秦望山头，看乱云急雨，倒立江湖。不知云者为雨，雨者云乎？长空万里，被西风、变灭须臾。回首听、月明天籁，人间万窍号呼。

谁向若耶溪上，倩美人西去，麋鹿姑苏？至今故国人望，一舸归欤。岁月暮矣，问何不、鼓瑟吹竽？君不见、王亭谢馆，冷烟寒树啼乌。

宋宁宗嘉泰三年（1203），辛弃疾被重新起用，任命为绍兴府知府兼浙东安抚使。六月十一日到任，同年十二月二十八日即奉召赴临安，次年春改任镇江府知府，所以他写词的时间，一定在嘉泰三年（1203）的下半年，另据词中"西风""冷烟寒树"等语，可断定是作于晚秋。

但我觉得题目有误。绍兴的蓬莱阁是在绍兴城内卧龙山上的，卧龙山又名府山，即府衙所在处。在府山的蓬莱阁是看不到若耶溪的。辛弃疾词里明明白白说是在浙江绍兴的秦望山。秦望山一名会稽山，又名刻石山，当年秦始皇南巡就登此山，并在山上立碑，这就是著名的"李斯

登临远望

碑"，原碑已毁。但有块复制碑放在绍兴市区的府学宫（即现在的稽山中学）内，我在稽山中学读过书也教过书，年轻时看到过。后移到绍兴文物管理处，现移至大禹陵。稽山中学里又重新立了一块复制碑的复制品。

秦望山在绍兴城东南四十里处。我觉得博学犹如辛稼轩者，不会将自己办公的府衙旁的蓬莱阁说到秦望山去的。这首词的题目，原作"会稽蓬莱阁怀古"。同调另有"亭上秋风"一首，题作"会稽秋风亭观雨"。唐圭璋先生考证后提出，"秋风亭观雨"词中无雨中景象，而"蓬莱阁怀古"一首上片正写雨中景象，词的题目"观雨"与"怀古"前后颠倒，当系错简。如果按照唐先生的考订修改词题，则是"会稽蓬莱阁观雨"。唐先生因为不知道绍兴的情况，所以考订有误。正确的题目不是将"怀古"与"观雨"对调，而是将两题目对调。故准确的题目是"会稽秋风亭观雨"，会稽既指所在地，亦指所登之山，秦望山上当时应该还建有秋风亭，这才符合实际。当然，后来府山上也建了秋风亭，那是为了纪念辛亥革命先烈秋瑾而建的，此亭非彼亭。

词的上片，看似纯系写景，实则借景抒情。它不是单纯地为写景而写景，而是景中有情，寓情于景，情景交融。

辛弃疾为何望此山？因为这里曾是秦始皇南巡时望大海、祭大禹立碑之处。登此亭望此山，会不禁想起统一六国的秦始皇和为民除害的大禹。词先以"看"领起，望山头云雨苍茫的景象和乍雨还晴的自然变化。以"倒立江湖"喻暴风骤雨之貌，生动形象，大概是从苏轼《有美堂暴雨》诗"天外黑风吹海立"演化而来。"不知云者为雨，雨者云乎？"语出于《庄子·天运》："云者为雨乎？雨者为云乎？""为"字读去声。降雨是为了云层吗？庄子设此一问，下文自作回答，说这是自然之理，云、雨两者，谁也不为了谁，各自这样运动着罢了，也没有别的意志力量施加影响要这样做。作者说"不知"，也的确是不知，不必多追究。"长空万里，被西风、变灭须臾。"天色急转，词笔也急转，这是说云。苏轼《念奴娇·中秋》词："凭高眺远，见长空万里，云无留迹。"《维摩诘经》："是身如浮云，须臾变灭。"云散了，雨当然也就收了。"回首听、月明天籁，人间万窍号呼。"这里又用《庄子》语。《齐物论》："夫大块噫气，其名为风。是唯无作，作则万窍怒号。"这就是"天籁"，自然界的音响。从暴风骤雨到云散雨收，月明风起，词人在大自然急剧的变化中似乎悟出一个哲理：事物都处在不断变化中，阴晦可以转为晴明，晴明又含着风起云涌的因素；失败可以转为胜利，胜利了又会起风波。上片对自然景象的描写，为下片追怀以弱胜强、转败为胜，又功成身退的范蠡做了有力的烘托、铺垫。语言运用上，众采博兴，为己所用，这是辛词的长技。

当然，上片也暗指当时的形势：北边强敌虎视眈眈，南宋朝廷争权夺利，主和派人多势众，国家处在风雨飘摇之中。

下片怀古抒情，说古以道今，影射现实，借古人之酒杯浇自己胸中之块垒。作者首先以诘问的语气讲述了一段富有传奇色彩的历史故事：当年是谁到若耶溪上请西施西去吴国以致吴国灭亡呢？越地的人们至今还盼望着他能乘船归来呢！这当然是说范蠡，可是作者并不直说，而是引而不发，说"谁"，这样写更含蓄而且具有启发性。据史书记载，春秋末年越王勾践曾被吴国打败，蒙受奇耻大辱。谋臣范蠡苦身勠力，协助勾践进行了"十年生聚，十年教训"，并将西施进献吴王，行美人计。吴王果贪于女色，荒废朝政。吴国谋臣伍子胥曾劝谏说："臣今见麋鹿游姑苏之台。"后来越国终于灭了吴国，报了会稽之仇。越国胜利后，范蠡认为"勾践为人，可与同患，难与处安"，于是泛舟五湖而去。引人深思的是，词人面对秦望山、大禹陵和会稽古城怀念古人，占据他心灵的不是秦皇、大禹，也不是越王勾践，竟是范蠡。这是因为范蠡忠心不二，精忠报国，具有文韬武略，曾提出许多报仇雪耻之策，同词人的思想感情息息相通。

李心传《建炎以来朝野杂记·乙集》卷十八记载，辛弃疾至临安见宋宁宗，"言金国必乱必亡，愿付之元老大臣，务为仓猝可以应变之计，（韩）侂胄大喜"。《庆元党禁》亦言："嘉泰四年甲子春正月，辛弃疾入见，陈用兵之利，乞付之元老大臣。"另据程珌《丙子轮对札子》记，辛弃疾这几年来屡次派遣谍报人员到金境侦察金兵虚实，并欲在沿边界地区招募军士，可见他这时正跃跃欲试，摩拳擦掌，力图恢复中原以雪靖康之耻，范蠡正是他仰慕和效法的榜样。表面看来，"故国人望"的是范蠡，其实，何尝不可以说也指他辛弃疾。他在晚年，经常怀念"壮岁旌旗拥万夫"的战斗生涯，北方抗金义军也时时盼望他的归来。谢枋得在《祭辛稼轩先生墓记》中记载："公没，西北忠义始绝望。"这一部分用典，不是仅仅说出某事，而是铺衍为数句，叙述出主要的情节，以表达思想感情，这是其用典的一个显著特点。

"岁云暮矣，问何不、鼓瑟吹竽？"在词的收尾部分，作者首先以设问的语气提出问题：一年将尽了，为什么不鼓瑟吹竽欢乐一番呢？《诗经》的《小雅·鹿鸣》："我有嘉宾，鼓瑟吹笙。"又《唐风·山有枢》："子有酒食，何不日鼓瑟？且以喜乐，且以永日。"作者引《诗》说出了岁晚当及时行乐的意思，接着又以反问的语气回答："君不见、王亭谢馆，冷烟寒树啼乌。"旧时王、谢的亭馆已经荒芜，已无可行乐之处了。东晋时的王氏、谢氏与会稽的关系也很密切，"王亭"，指王羲之修禊所在的会稽山阴之兰亭；谢安曾隐居会稽东山，有别墅。这些旧迹，现在是只有"冷烟寒树啼乌"点缀其间了。

从怀念范蠡到怀念王氏、谢氏，在情感上是一个很大的转折。怀念范蠡抒发了报国雪耻的积极思想；怀念王氏、谢氏则不仅流露出对现实的不满，而且明显地表现出消极悲观的情绪。作者面对自然的晴雨变化和历史的巨变，所激起的不仅是要效法古人、及时立功的慷慨壮怀，同时也有人世匆匆的暮年伤感。辛弃疾此时已经六十四岁了。当他想到那些曾经威震一方、显赫一时的风流人物无不成为历史陈迹的时候，内心充满了人生短暂、功名如浮云流水的悲叹。这末一韵就意境来说不仅是对"王亭谢馆"而发，而是关涉全篇，点明全词要旨。词人在这些历史人物事迹中寄托的不同感情，同他当时思想的矛盾是完全吻合的。

辛弃疾在绍兴的时间虽然不长，但也了却了一个心愿，或者说了却了两个人的心愿，这就是与同样是主战派的陆游见面并与之畅谈。

陆游是我国南宋伟大的爱国诗人，其诗作被誉为一代"诗史"；辛弃疾则是南宋词坛豪放派的代表人物，其词作对后世影响深远。他们是中国文坛的两座丰碑。两人都是主战派，都以抗金收复中原为己任。

嘉泰二年（1202），当时主战派掌握了一定的实权，被闲置了十多年之久的陆游重新出山。那时陆游已是七十八岁的老人了，身体大不如前，但他仍旧欣然抱病前往，参加了修撰孝宗、光宗两朝实录及三朝史的工作。嘉泰三年（1203）四月史书修成，五月陆游便匆匆离开了都城，他在京城仅仅待了一年。陆游返回绍兴老家还不到一个月，辛弃疾就被任命为绍兴知府兼浙东安抚使。在此次任命之前，他被冷落在江西上饶闲居达八年之久，此次之所以能够复出，也与当时朝廷有意北伐密切相关。

到了绍兴，辛弃疾立即前往拜会陆游。虽然两人久未谋面，但他们彼此相知，互相敬佩着对方。虽然他们相差了整整十五岁，但这丝毫不影响他们心灵相通。交谈之余，他们发现彼此有着太多的共同语言与志趣爱好。

陆游与辛弃疾都有过颠沛流离的早年生活，都具备爱国爱家的赤胆忠心，都有着奔放豪爽的性格，都视恢复中原为己任。陆游有过火热的军旅生涯，辛弃疾更是有着万马丛中取敌将首级的壮举。陆游文采飞扬，是闻名天下的大诗人；辛弃疾才情出众，是南宋词坛豪放派的一代宗师。在仕途上，他们又都有着被冷落的失意、被排斥的无奈，以及抱负无处施展的苦闷。

此时陆游的好友范成大、辛弃疾的好友陈亮以及他们共同的好友朱熹等都已相继故去，生活中没有太多的亮点，辛弃疾的到来使陆游孤寂的内心变得鲜活起来。辛陆相会也解除了辛弃疾的感伤与寂寞，他们谈诗词、论北伐，生活变得丰富多彩，爱国激情再次被点燃。

当时陆游的生活非常清苦，住在建造多年、已经开始破旧的三山。辛弃疾看到他的屋宇已经不太行，就几次三番提出要为陆游修建住所，但都被陆游一一婉拒。

嘉泰三年（1203）底，朝廷招辛弃疾去临安商讨北伐大事。辛弃疾是南宋一班爱国志士最寄厚望的人，陆游对他也寄予了很大期望。此时辛弃疾已年过花甲，与陆游相比，他尚算年轻，但也是白发满头，实现北伐的心愿已没有太多的时间。

辛弃疾临行前，陆游赶写了一首长诗为他送行，毫不吝惜笔墨，全方位地赞扬了辛弃疾。

送辛幼安殿撰造朝

稼轩落笔凌鲍谢，退避声名称学稼。

十年高卧不出门，参透南宗牧牛话。

功名固是券内事，且茸园庐了婚嫁。

千篇昌谷诗满囊，万卷邺侯书插架。

忽然起冠东诸侯，黄旗皂纛从天下。

圣朝仄席意未快，尺一东来烦促驾。

大材小用古所叹，管仲萧何实流亚。

天山挂旆或少须，先挽银河洗嵩华。

中原麟凤争自奋，残虏犬羊何足吓。

但令小试出绪余，青史英豪可雄跨。

古来立事戒轻发，往往谗夫出乘罅。

深仇积愤在逆胡，不用追思灞亭夜。

首先，盛赞他才高过人，好学不倦，著作等身，所谓"稼轩落笔凌鲍谢"，"千篇昌谷诗满囊"；接着叙述他厚积薄发的坎坷经历，"十年高卧不出门"，"黄旗皂纛从天下"，意味着朝廷可能重用他；再将他比作管仲、萧何一样的人才，相信他一定可以成就伟大功业，"大材小用古所叹，管仲萧何实流亚"；并希望他积极结连中原的忠义民兵，不久就能大展宏图，施展抗敌复土的抱负；接下来劝他凡事要考虑周全，小心"谗夫"从中作梗，"古来立事戒轻发，往往谗夫出乘罅"，鼓励他把全部精力投入对敌斗争中去，一雪对金的深仇积愤！

到了临安，辛弃疾很快就进入了角色。当时金国内部混乱，北方强敌蒙古对它的威胁也越来越大。辛弃疾提议加强战备，密切关注局势，伺机而动，妥善应对。朝廷就派他镇守京口（今江苏镇江），那是北伐前进的重要基地，登上北固亭，俯视滚滚长江，六十六岁的辛弃疾离他所要实现的愿望似乎从来没有这么近。可惜没过多久，辛弃疾就被撤换。陆游和辛弃疾，在他们的晚年各自为北伐空欢喜了一场。

在辛弃疾辞世后不到三年，嘉定三年（1210）的春天，八十六岁的诗人陆游也追随他的友人而去，留下了不朽的千古绝唱："死去元知万事空，但悲不见九州同。王师北定中原日，家祭无忘告乃翁。"

渡东忠魂留精卫

　　若耶溪有三十六源头，其中最出名的就是云门溪。若耶溪的尽头汇入鉴湖，如果要说它的尾，则是渡东桥。

　　看过描写若耶溪的诗文，你会发现：若耶溪秀美如画，若耶溪柔情蜜意，若耶溪欢声笑语……但其实，若耶溪是一条有风骨的溪，一条坚忍刚烈的溪：它的上游有欧冶子铸剑之所，而下游的渡东桥则是著名的"守节桥"。

　　在明末清初，绍兴志士演出了一幕幕誓死报效故国的历史壮剧：刘宗周绝食自尽，祁彪佳投水身亡，王思任三呼高皇帝不食而死，王毓蓍整衣束带赴柳桥下端坐尽节。而殉难最集中之地则为渡东桥，后人纪念这些忠节义烈之士建祠设祀的集中地也在渡东桥左。于是渡东桥成了一座壮烈的桥。

　　康熙《会稽县志》记："渡东桥在东郭门外。"此桥的建立花费了不少财力。据陶望龄（1562—1609？）《渡东桥记》载，此处系各条溪流之汇合处，虽自古设有渡口，但"涡涎澎湃，湍悍难渡"。如遇"霖潦风雨"，则"舟每每覆溺"。纵有建桥之议，然因水面辽阔，水流湍急，"工巨费繁"，"谋举辄辍"，到明万历年间，有豫章（今江西南昌）人罗相为会稽令，罗相勤于政事，为民解难，遂集白银八百五十一两，自捐月俸三十两，而建此大桥。建桥工程浩大，罗相力排众议，坚定不移，于万历二十三年（1595）二月动工，于次年功事，"跨水数百丈"的渡东桥屹立绍兴东郭门外。民众感激，"其涂者讴讼歌舞，相属太史氏，望龄闻而采之为铭"。

　　渡东桥一带景色如画，远望秦皇、刻石诸山，近邻禹陵、宛委胜迹。一桥横跨南北水道，守扼交通城乡坦途，旁铺万顷绿茵沃壤，俱是水木青华，山川映发，拥明竞秀，一派稽山镜水旖旎风光。平日里此地为歌舞升平之处，国难时就成了舍生取义、成仁报国之所。

若耶溪

其中的代表人物为余煌。《越中杂识》云："渡东桥在东郭门明余煌尽节处。"在康熙《会稽县志》中将余煌归于"忠节"类："余煌，号武贞，自幼有大志，举止端重。……性喜读书，无事即稽古，博览群集，廿一史逐一丹铅，半字不苟。尝曰：'昔程明道看史不错过一字，吾辈读书必细心钻研，方有得处。'天启乙丑廷对第一，授修撰，崇祯辛未，丁母艰，哀毁尽孝，事父严敬，晨昏唯诺，未尝以贵故失人子礼。丁丑召入，转左春坊，时连岁旱饥，悉蠲积逋，有司带征如故，煌在经筵，极言其事。"余煌上疏为民请难，民心欢呼，又上疏整饬文风，士风为之一变。

崇祯年间，余煌回到绍兴，他关心家乡百姓，于水利修筑上建树甚多。他组织民工对三江闸培固培高，对烂石悉撤换之，在塘上"甃以巨石使水不得内攻"，并"树艺桑杨，根株盘结，以御水冲"，又制定《余公修闸成规条例》，于是三江闸为之一新。山阴天乐乡接壤萧山，有农田三万七千多顷濒于大江边，自古以来水潮为患，民苦其灾，世称"荒乡"。余煌急民所急，力任其事，筑猫山闸"横截江流，启闭有法"，使积水荒滩变成肥土沃壤，百姓感恩不尽，立祠闸上奉祀不绝。余煌嘉言懿行，驰誉乡里，被推为表率。

崇祯十七年（1644），明思宗死后，抗清官兵在浙江拥立鲁王政权，定都绍兴，诏令闲居在家的余煌出任礼部右侍郎、户部尚书，余煌一概坚辞。后因武将骄横跋扈，鲁王又下第三道诏令，任命余煌为兵部尚书，至此余煌深明大义，勇赴国难，毅然就职，决心为抗清斗争出一把力。当时，名望很高的兵部主事黄宗羲等人一度策划向邻国日本借兵，余煌强烈反对，认为这可能会引狼入室。

隆武二年（1646）六月，清兵直逼绍兴，鲁王渡海而逃，有人建议余煌组织人马据城死守，余煌冷静地分析形势后说："大势已去。江边数万军队已不堪一击，还想以老弱残兵守住城池吗？徒劳的抵抗岂不是坑害百姓？"他果断下令大开城门，让军民出城避难。城空之后，他赋绝命诗一首："穆骏自驰，老驹忽逝。止水汨罗，以了吾事。有愧文山，不入柴市。"诗中的"穆骏"指鲁王，"老驹"称自己，"文山"指文天祥，"柴市"指刑场。他从容穿好朝服，告诉仆人"我死后，随便弄口棺材，殓以常服，不作佛事，不入乡贤祠，不刻文集，不要墓志，不择地形，只在墓碑上写'明高士余武贞墓'就可以了。"然后余煌独自出东郭门，到渡东桥边投河，不料被船工救起。他叹道："忠臣也不好做啊！"两天后，又投河道更深的地方，殉国而死。据清代邵廷采《东南纪事》记载，清朝统治者为之震动，规定在进攻绍兴和宁波等地过程中，不能滥杀百姓，并且追谥余煌为忠节。

《浙东纪略》记载乙酉六月：

十二日，监国遣官持谕召陈盟入阁，盟具疏辞，遂之剡上。是夕，会稽庠生王毓蓍（字元趾）感痛激烈，作愤时致命篇。首曰："群奸误国，庙社沦胥，愤怀事变，恨不手斩贼臣之头；恤惜时艰，且思生食叛人之肉！养兵十载，大帅惟识奔逃；积粟千仓，墨吏半肥私橐。"又云："冠裳世禄之家，营窟以待新朝；郡邑莅事之长，收图以修降表。追呼犒迎之费，尽属青衿，供奉大清之牌，遍传黔首。文非饰过，则曰，暂屈必伸，当效会稽之辱，忍耻苟全。"又云："长往不返，驾言东海之逃。"又云："号呼莫闻，痛哭无路，用殉蛟腹，愧彼鼠心。古称五死，何俟捐驱赴义之可乐？寿止百年，保无疾病水火之杀人？惟兹清流碧水之中，正是明伦受命之地，鬼如不厉，为访三闾之踪；魂果有灵，当逐伍胥之怒。真能雪耻自任，愿激发于光天；倘或同志不孤，敬相招于冥土！"又诗二绝（遗失）；又遗书上左都御史刘宗周曰："蓍已得死，所望先生早自决，毋为王炎午所吊！"中夜不语兄弟，不别妻子，命阍沽醪，正襟浮白，劳以余沥，且戒勿从。持炬出门，贴致命篇于宋唐卫士奇之祠壁，肃衣冠赴水于柳桥。

......

二十六日，山阴儒士潘集（字子翔）年十九，闻王毓蓍死，自署大明义士，操文哭尊于柳桥，有曰："自古国运靡常，所赖忠臣骨作山陵；至今壮士何为？徒令儒生怨经沟渎！念太祖三百年养士之恩，竟同豢豕！思先帝十七载作人之德，无异饥鹰！"中云："惟我王子气吞江浪，质烈寒泉。魂游故国，羞为他作嫁衣裳；声烈前朝，不落第一流人物。立身不二，始信秀才如处女，断不更夫；国士无双，才知名下不虚，今为定论。自兹柳桥石厉，不数司马题辞；泮水澜清，可继屈原骚赋。潘集闻风起鹊，幸达人先获我心；饮血啼猿，耻今日独为君子。魂其有灵，下榻俟我！"又杂咏三首中一绝："放眼拓开生死路，高声喝破是非关。莫愁前路知音少，止畏当头断气难！"读罢哀恸，夜怀二石与诗文，逾女墙投于渡东桥下。

清初，越人立先贤祠于渡东桥左，奉祀余煌、潘集、周卜年等烈士外，还祭奠在这阶段中死于国难的其他忠节之士，主要有户事尚书倪元璐、都御史施邦曜、中允周凤翔、都御史祁彪佳、都御史刘宗周以及王毓蓍、高岱、叶如蕴、傅日炯等二十二人。真是忠骨可对天日，清风长伴水月。诚如王思任所说："夫越乃报仇雪耻之乡，非藏垢纳污之地也。"渡东桥可以算作这一段历史的见证。

清朝虽然取代了明朝，但考虑到自己政权的稳固，在大局控制住以后，也是要赞扬前朝忠臣的，这道理也很清楚，就是鼓励自己的臣下对自己忠诚。所以，对于绍兴渡东桥的明末志士，清朝也是要表彰的。因此，清代也有不少文人写诗赞扬渡东桥的先贤。如清代的王霖写道：

渡东桥晓望

涨水吞遥岸，晴虹饮碧波。

一竿垂钓艇，四面采菱歌。

怨魄留精卫，忠魂吊汨罗。

不堪频极目，遗恨此间多。

王霖字雨丰、雨枫，号弇山，山阴人，康熙年间举人，乾隆元年（1736）举博学宏词，任直隶南宫（今河北邢台）知县。也许因为他是清廷内的人，所以他的诗歌比较隐晦，但也看得出是在赞扬渡东桥的忠魂。

再一首是孟骙的作品：

渡东桥吊余武贞先生

不惭文章赐状头，骑箕列宿占瀛洲。

春风烧尾传高宴，日暮攀髯趋急流。

好傍屈原穿冢近，却依孝女摸碑愁。

怀中抱石文星陨，定有骊龙着意收。

孟骙字敏度，号药山，会稽人，为雍正二年（1724）岁贡。他的诗就比较直白了，对余煌也更为推崇。

号称"旧文学殿军"的山阴人李慈铭（1834—1894），也曾写过颂赞绍兴这些先烈的诗：

寓山四负堂谒祁忠惠公像

一泓清绝寓园中，角巾屹然水中止。

讲学同源幸得人，柳桥携手王元趾。

东郭门外渡东桥吊余忠节公尚书二首

一死从容完晚节，二刘先后重拜名。

隔城亦有尚书在，惭见桥东一水清。

后诗作者自注："明季状元殉国者，公与杞县刘文正、吉水刘文忠三人而已。"

渡东桥的清白刚正之气流芳百世。

图书在版编目（CIP）数据

泛舟若耶 / 傅建祥, 王致湧, 金泽民编著; 严利荣
摄. — 杭州 : 浙江工商大学出版社, 2021.1
（"钱塘江故事"丛书 / 胡坚主编）
ISBN 978-7-5178-4189-0

Ⅰ.①泛… Ⅱ.①傅… ②王… ③金… ④严… Ⅲ.
①溪水—文化—绍兴②寺庙—文化—绍兴 Ⅳ.
①K928.42②K928.75

中国版本图书馆CIP数据核字(2020)第236008号

泛舟若耶
FANZHOU　RUOYE

傅建祥　王致湧　金泽民 编著　严利荣 摄

出 品 人	鲍观明	
策划编辑	沈　娴	
责任编辑	孟令远　沈　娴	
封面设计	观止堂_未氓	
责任校对	夏湘娣	
责任印制	包建辉	
出版发行	浙江工商大学出版社	
	（杭州市教工路198号　邮政编码310012）	
	（E-mail：zjgsupress@163.com）	
	（网址：http://www.zjgsupress.com）	
	电话：0571-88904980，88831806（传真）	
排　　版	杭州林智广告有限公司	
印　　刷	浙江海虹彩色印务有限公司	
开　　本	880mm×1230mm　1/32	
印　　张	6.75	
字　　数	160千	
版 印 次	2021年1月第1版　2021年1月第1次印刷	
书　　号	ISBN 978-7-5178-4189-0	
定　　价	68.00元	